Lassy Mbouity

Histoire de l'Afrique

2

Du même auteur

Histoire de la République du Congo

Histoire de la République démocratique du Congo

Histoire de la République centrafricaine

Histoire de la République gabonaise

Histoire de la République de Côte d'Ivoire

Histoire de la République de Guinée

Histoire de la République du Mali

Histoire de la République du Tchad

Histoire de la République du Sénégal

Histoire de la République de Madagascar

Autonomisation politique de la jeunesse africaine

La lutte contre la corruption et les conflits d'intérêts

Révolution de l'éducation africaine

L'Afrique après l'Asie

4

Table des Matières

Introduction

Préhistoire

Paléolithique

Émergence de l'agriculture

Techniques agricoles

Afrique Centrale

Fédération d'Afrique Centrale

Géographie

Découvertes archéologiques

Les Premières habitations

Le sable gris

Montagnes du Mayombe

Transition à l'âge du fer

Loubanzi

Premières civilisations

La civilisation des Sao

Royaume du Kanem-Bornou

Empire du Bornou

Royaume Shilluk

Royaume du Baguirmi

Royaume du Ouaddaï

Royaume Luba

Empire Lunda

Royaume de Kongo

Royaume de Loango

Période moderne

Principales activités économiques de l'Afrique centrale

Démographie de l'Afrique Centrale

Les grandes villes de l'Afrique Centrale

Cultures de l'Afrique Centrale

Afrique du Nord

Métallurgie

Antiquité

Désertification du Sahara

Égypte ancienne

La Nubie

Soudan

Nubie chrétienne et islamique

Civilisation carthaginoise

Rôle des Berbères

Les montagnes de l'Atlas

Les Peuples Berbères, Maghrébins, Égyptiens et Nubiens

Les populations du Maghreb et du Sahara

Les premiers habitants de l'Afrique du Nord

Antiquité et Rome antique

Afrique du Nord Romaine

Carthage et la Numidie

Les Vandales

Le pape africain Victor I

La conquête arabe des temps modernes

Sahara occidental

Royaume d'Aksoum

Afrique de l'Ouest

Expansion Bantoue

Langues Niger-Congo

Naissance de l'Empire Zoulou

Afrique Médiéval et Moderne

Corne de l'Afrique

Somalie

Éthiopie

Afrique australe

Namibie

Héréros et Nama

Afrique du Sud et Botswana

Sotho-Tswana

Royaume Nguni

Voortrekkers

Mfecane

Khoïkhoï

Bochimans

Khoïsan

Afrikaners

Xhosa

Côte swahili

Culture Urewe

Madagascar et Merina

États et empires de la région des Grands Lacs

Empire du Kitara

Royaume de Bunyoro

Royaume du Buganda

Rwanda

Royaume du Burundi

Royaume Maravi

Afrique de l'Ouest

Empire du Ghana

Empire du Mali

Empire Songhaï

Empire de Sokoto et Califat de Sokoto

Les royaumes Akans et l'émergence de l'Empire Ashanti

Royaume de Dahomey

Royaume d'Oyo

Ife

Delta du Niger et les Igbo

Commerce européen, exploration et conquête de l'Afrique

La France contre l'Angleterre : la crise de Fachoda de 1898

Puissances européennes du 20ème siècle

Première Guerre mondiale

Décolonisation de l'Afrique

Afrique de l'Est

Géographie et climat

Mont Kilimandjaro

Mont Kenya

Origine africaine et berceau de l'humanité

Afrique orientale portugaise

Région des Grands Lacs

La colonisation arabe

Période de l'impérialisme européen

Révolution de Zanzibar

Seconde Guerre mondiale

Guerre civile éthiopienne 1974-1991

Guerre d'indépendance de l'Érythrée 1961-1991

Guerre érythréenne-éthiopienne 1998-2000

Guerre de l'Ogaden 1977-1978

Guerre civile somalienne 1991-2009

Deuxième guerre civile soudanaise 1983-2005

Conflit politique-ethnique interne 2011-en cours

Guerre civile du Soudan du Sud 2013-2015

Guerre civile du Burundi 1993-2005

Génocide des Hutus en 1972

Génocide des Tutsis en 1993

Guerre Ouganda-Tanzanie 1978-1979

Guerre de l'Ouganda de 1981 à 1986

Insurrection de l'Armée de résistance du Seigneur en Ouganda, Soudan du Sud et République démocratique du Congo

Guerre civile rwandaise 1990-1993 et le génocide rwandais des Tutsis

Première guerre du Congo 1996-1997 et deuxième guerre du Congo 1998-2003

Conflit du Kivu

Géographie de l'Afrique australe

Transport et industrie

Économie de l'Afrique australe

Agriculture et sécurité alimentaire

Rivalité stratégique entre les puissances européennes

Partage de l'Afrique

Conférence de Berlin de 1884

Principe de l'occupation effective

Allemagne et Weltpolitik

L'expansion de l'Italie

Première Guerre Italo-éthiopienne

Impérialisme informel

Influence militaire

Domination économique

L'exploration européenne de l'intérieur

Cartographié de l'Afrique

Industrialisation, transport et communication

Le développement de la quinine

Crises avant la Première Guerre mondiale

Colonisation du Congo

Construction du Canal de Suez

La cartographie de Stanley du bassin du fleuve Congo

L'administration britannique de l'Égypte et de l'Afrique du Sud

Guerre anglo-zoulou

Guerre des Boers

Crise marocaine

L'incident de Fachoda

Conférence d'Algésiras

Résistance derviche

Massacre des Héréros et Nama

Conscience coloniale

Expositions coloniales

Lutte contre les maladies africaines

Colonialisme

Colonies africaines

États indépendants

Lutte pour l'indépendance de l'Afrique

15

Crise économique des années 1990
Mondialisation

Introduction

L'histoire de l'Afrique commence avec l'émergence de l'Homo sapiens en Afrique de l'Est, et continue dans le présent comme un ensemble de pays en développement.

L'histoire de la civilisation africaine a d'abord commencé dans le royaume de Koush et plus tard dans l'Égypte antique, le Sahel, le Maghreb et la corne de l'Afrique.

Au Moyen Âge, l'Islam s'étendit de l'Arabie à l'Égypte, traversant le Maghreb et le Sahel.

Le Royaume de Nri, la culture de Nok, l'Empire Malien, l'Empire Songhaï, l'Empire Béninois, l'Empire Ashanti, l'Empire Ghanéen, les Royaumes Mossi, l'Empire Mutapa, le Royaume de Mapungubwe, le Royaume du Sine, le Royaume du Saloum, le Royaume du Baol, le Royaume du Cayor, le Royaume de Kongo, le Royaume de Loango, l'Empire du Kaabu, l'Ancienne Carthage, la Numidie, la Maurétanie, l'Empire Aksoumite, le Sultanat d'Ajuran et le

Sultanat d'Adal, sont quelques noyaux de l'histoire de la civilisation africaine.

À partir du milieu du VIIe siècle, la traite des musulmans arabes a asservi les Africains suite à un armistice entre le Califat Rashidun et le Royaume de Makourie, après la Deuxième Bataille de Dongola en 652.

Ils ont été transportés, avec les Asiatiques et les Européens, à travers la mer Rouge, l'océan Indien et le désert du Sahara.

À partir de la fin du XVe siècle, les Européens se joignirent à la traite négrière, les Portugais acquérant d'abord des esclaves par le commerce et plus tard par la force dans le cadre de la traite des esclaves de l'Atlantique. Ils ont transporté des Africains de l'Ouest, du Centre et du Sud-Est.

À la fin du XIXe et au début du XXe siècle, la colonisation européenne de l'Afrique s'est rapidement développée avec la Conférence de Berlin (1884-1885).

Avant d'être colonisé, l'Afrique comptait jusqu'à 10 000 États différents et des groupes autonomes, avec des langues et des coutumes distinctes.

La décolonisation de l'Afrique a commencé en 1960 après la lutte pour l'indépendance dans de nombreuses parties du continent et l'affaiblissement de l'Europe après la Seconde Guerre mondiale.

20

Préhistoire

Paléolithique

Les premiers hominidés connus ont évolué en Afrique. Selon la paléontologie, l'anatomie du crâne des premiers hominidés était semblable à celle du gorille et du chimpanzé, des grands singes qui ont également évolué en Afrique.

Les hominidés avaient adopté une locomotion bipède sans l'utilisation des mains. Cela leur a donné un avantage crucial, leur permettant de vivre à la fois dans les zones boisées et sur la savane ouverte à une époque où l'Afrique se desséchait. Cela s'est produit il y a 10 à 5 millions d'années.

Il y a 4 millions d'années, plusieurs espèces d'hominidés Australopithèques se sont développées dans l'Afrique australe, orientale et centrale. Ils étaient des utilisateurs et fabricants d'outils. Ils ont mangé la viande et étaient omnivores.

Il y a environ 3,3 millions d'années, des outils de pierre primitifs ont d'abord été utilisés par les prédateurs pour récolter la moelle des os.

Pendant la chasse, l'Homo habilis n'était probablement pas capable de rivaliser avec de grands prédateurs et était encore plus considéré comme une proie pour les chasseurs.

L'Homo habilis a probablement mangé les œufs des autres animaux et a peut-être pu attraper le petit gibier. Les outils ont été classés comme période d'Oldowayen.

Il y a environ 1,8 million d'années que l'Homo ergaster a apparu en Afrique.

Après l'Homo ergaster, l'Homo erectus a évolué il y a 1,5 millions d'années.

Certains des premiers représentants de cette espèce étaient encore assez petit et ont utilisé des outils de pierre primitifs, à peu près comme l'Homo habilis.

Le cerveau a par la suite grandi en taille et l'Homo erectus a finalement développé une technologie d'outil de pierre plus complexe appelée Acheuléen.

Probablement les premiers chasseurs, l'Homo erectus a maîtrisé l'art du feu et a été le premier hominidé à quitter l'Afrique, colonisant la plupart des Afro-Eurasiens et peut-être plus tard donnant lieu à l'Homo floresiensis.

Mais certains pensent que l'Homo georgicus était le premier hominidé à vivre en dehors de l'Afrique.

L'enregistrement des fossiles montre que l'Homo sapiens a vécu en Afrique australe et orientale il y a plus de 200.000 à 150.000 ans.

Il y a environ 40 000 ans, l'expansion de l'espèce en Afrique a lancé la colonisation de la planète par des êtres humains modernes.

En 10 000 avant Jésus-Christ, l'Homo sapiens s'était répandu dans la plupart des coins de l'Afro-Eurasie.

Leurs existences sont tracées par des preuves linguistiques, culturelles et génétiques.

Les premières preuves physiques de l'activité astronomique semblent être un calendrier lunaire trouvé sur l'os d'Ishango, daté entre 23 000 et 18 000 avant notre ère.

La guerre était absente pendant la plus grande partie du passé préhistorique de l'homme mais a apparue après l'agriculture et des systèmes politiques plus complexes.

Cependant, les découvertes sur le site de Nataruk dans le comté de Turkana, au Kenya, où les restes de 27 personnes décédées suite à une attaque intentionnelle d'un groupe envers un autre il y a 10 000 ans, montrent que les conflits intergroupes ont une histoire beaucoup plus ancienne.

Émergence de l'agriculture

Il y a environ 16 000 ans avant notre ère, des noix, des graminées et des tubercules étaient recueillis pour la nourriture sur les collines de la mer Rouge et dans les hautes terres du nord de l'Éthiopie.

De 13 000 à 11 000 avant notre ère, les Africains ont commencé à collecter des céréales sauvages.

Une propagation vers l'Asie occidentale a domestiqué ses céréales sauvages, le blé et l'orge.

Entre 10 000 et 8 000 avant notre ère, l'Afrique du Nord cultivait du blé et de l'orge et élevait des moutons et des bovins.

Une phase climatique humide en Afrique a transformé les Hauts plateaux éthiopiens en une forêt montagneuse.

Vers 7000 av. J-C, les colons des hauts plateaux éthiopiens domestiquaient des ânes et vers 4000 av. J-C, des ânes domestiqués s'étaient propagés en Asie du Sud-Ouest.

Dans les steppes et les savanes du Sahara et du Sahel dans le nord de l'Afrique de l'Ouest, les Nilo-sahariens et les Mandés ont commencé à recueillir et domestiquer le mil sauvage, le riz africain et le sorgho entre 8000 et 6000 av. J-C.

Plus tard, des calebasses ou gourdes, des pastèques, des ricins et du coton ont également été recueillis et domestiqués.

Les Africains ont ensuite commencé à capturer et enfermer du bétail sauvage (dans des haies entourées d'épines) ; ce qui a donné lieu à la domestication.

Ils ont également commencé à fabriquer de la poterie et des colonies de pierre.

La pêche, en utilisant des harpons à extrémité osseuse, est devenue une activité principale dans les nombreux ruisseaux et lacs formés à partir de l'augmentation des pluies.

En Afrique subsaharienne, la phase humide a inauguré une forêt tropicale et une savane boisée.

En 5000 av. J-C, les locuteurs du Niger-Congo ont domestiqué le palmier à huile et le palmier à raphia. Les pois noirs et de terre ont été domestiqués, suivis par les noix de kola.

Comme la plupart des plantes poussaient dans la forêt, les locuteurs du Niger-Congo ont inventé des haches de pierre polie pour défricher la forêt.

La plus grande partie de l'Afrique australe était occupée par des peuples pygmées et des Khoisans qui se livraient à la chasse et à la cueillette.

Juste avant la désertification saharienne, les communautés qui se sont développées au sud de l'Égypte, dans ce qui est aujourd'hui le Soudan, ont pleinement participé à la révolution néolithique et ont vécu un mode de vie semi-nomade, avec des plantes et des animaux domestiqués.

Les mégalithes trouvés à Nabta Playa sont les exemples des premiers dispositifs archéoastronomiques connus au monde.

La complexité socioculturelle observée à Nabta Playa et exprimée par différents niveaux d'autorité au sein de la société a constitué la base de la civilisation de l'Ancien Empire d'Égypte.

En 5000 avant notre ère, l'Afrique est entrée dans une phase sèche et le climat de la région du Sahara s'est progressivement asséché.

La population était sortie de la région du Sahara dans toutes les directions, y compris vers la vallée du Nil où les africains avaient établi des colonies permanentes ou semi-permanentes.

Une importante récession climatique s'est ensuite produite, diminuant les fortes pluies de l'Afrique centrale et orientale.

Afrique centrale

Des découvertes archéologiques de l'Afrique centrale ont été datées de plus de 100 000 ans.

Les scientifiques ont récemment trouvé de vastes sites fortifiés à Zilum, à environ 60 km au sud-ouest du lac Tchad, datant du premier millénaire avant notre ère.

Le commerce et les techniques agricoles améliorées soutenaient des sociétés plus sophistiquées, menant aux premières civilisations de Sao, Kanem, Bornou, Shilluk, Baguirmi et Ouaddaï.

Vers 1000 av. J-C., les migrants bantous avaient atteint la région des Grands Lacs en Afrique centrale.

Autour de la moitié du premier millénaire avant notre ère, les Bantous s'étaient installés au sud et au nord du fleuve Congo.

L'Afrique centrale est une région du continent africain qui comprend le Cameroun, le Tchad, le Burundi, la République centrafricaine, le Gabon, la Guinée équatoriale, São Tomé et Príncipe, le Congo, la République démocratique du Congo, l'Angola et le Rwanda.

La Communauté économique des États de l'Afrique centrale (CEEAC) est constituée de tous les États de la sous-région de l'Afrique centrale.

Depuis son indépendance en 2011, le Soudan du Sud a également été couramment inclus dans la région.

Fédération d'Afrique Centrale

La Fédération d'Afrique Centrale (1953-1963), également appelée la Fédération de la Rhodésie et du Nyassaland, était constituée des nations du Malawi, de la Zambie et du Zimbabwe.

De même, l'Église anglicane de la province de l'Afrique centrale couvre les diocèses du

Botswana, du Malawi, de la Zambie et du Zimbabwe, tandis que l'Église d'Afrique centrale, presbytérienne, couvre le Malawi, la Zambie et le Zimbabwe.

Ces états sont maintenant généralement considérés comme faisant partie de l'Afrique australe.

Géographie

Les bassins du lac Tchad et du fleuve Congo ont toujours été écologiquement significatif pour les populations d'Afrique centrale.

Archéologie de l'Afrique centrale

Les recherches archéologiques ont été rares en Afrique centrale parce que la moitié de l'Afrique centrale est couverte par la forêt tropicale.

En raison de cela, de nombreux archéologues pensaient que l'occupation préhistorique était improbable et, s'il y en avait eu, la préservation serait faible.

En raison de la forêt tropicale et de la pauvreté dans la région, l'infrastructure est sous-développée, ce qui rend le déplacement vers les sites difficiles.

L'Afrique centrale a également connu des flambées épidémiques de maladies mortelles telles que le sida et la fièvre Ebola et a également connu de nombreux coups d'État, guerres civiles prolongées et même des génocides.

Les premières recherches archéologiques ont été achevées au début des années 1900.

Des études modernes ont débuté dans les années 60 et des études plus systématiques ont été achevées de 1980 à 1990.

Premières habitations

Les archéologues se demandaient si les humains ne pouvaient survivre que sur les ressources forestières avant l'émergence de l'agriculture.

Les recherches menées suggèrent que l'occupation était possible avant l'agriculture et qu'elle a pu être très hospitalière.

En raison de l'éco diversité de la région, les habitants de la région auraient eu accès à diverses ressources, ce qui en fait un environnement plus stable à vivre.

Des preuves de certains des premiers habitants ont été trouvées en 1982 et en 1983 à Bikoro en République démocratique du Congo.

On a trouvé un certain nombre d'artefacts en pierre incluant des points de projectiles, des «segments, des noyaux, des flocons et des déchets non modifiés».

Ces artefacts auraient été utilisés par les chasseurs-cueilleurs et sont estimés avoir été faits pendant l'âge de la pierre entre 12.000 et 3.000 ans av. J.-C.

Plusieurs recherches dans les années 1980 ont trouvé des haches de main datant de l'âge de la pierre et pourraient avoir 40 000 ans ; ce qui signifie que les humains ont occupé la région pendant au moins 40 000 ans.

Plus récemment, des sites sur la côte de Loango entre le Gabon et le Cabinda contenaient des concentrations de fragments qui pourraient avoir 3500 ans.

Le sable gris

Le sable gris est un site de l'âge de la pierre situé à 10 kilomètres au nord de l'embouchure de la rivière Kouilou (Congo). Ce site date d'environ 3500 ans.

Les montagnes du Mayombe indiquent que les habitants avaient des interactions.

Transition à l'âge du fer

En Afrique centrale, l'âge de la pierre a pris fin il y a environ 3 500 ans.

Il y a environ 3 500 ans, le climat et l'environnement avaient changé ainsi que les peuples et les pratiques des peuples qui habitent la région.

Un passage de la forêt tropicale à la savane a créé un environnement opportun pour l'agriculture.

Les chasseurs-cueilleurs vivant en Afrique Centrale ont été repoussés par les migrants agricoles du nord.

Ces premiers agriculteurs sont différenciés par des fosses d'ordures creusées qui diffèrent des pratiques de déchets des habitants antérieurs.

Pendant la phase néolithique, entre 3500 et 2000 ans av. J.-C, les nouvelles technologies telles que la poterie et le polissage des pierres ont été développées et maîtrisées.

La présence de houes en pierres indique que les nouveaux habitants cultivaient la terre.

Les changements de la végétation à l'époque étaient dus au changement climatique, aux pratiques agricoles et à l'expansion des Bantous.

Loubanzi

Loubanzi est un grand site de l'âge du fer datant d'environ 535 à 317 ans av. J.-C.

Loubanzi était un quartier de la ville de Bouali (Bwali), la capitale du royaume de Loango. Des coquilles d'huîtres et des fragments de fer ont été récupérés sur le site.

La capitale Bwali était entourée par un mur séparé du reste de la ville avec une cour royale et un grand marché.

Premières civilisations

Des découvertes archéologiques en Afrique centrale remontent à plus de 100 000 ans.

Il existe des preuves sur la transformation du fer en République centrafricaine et au Cameroun qui peuvent remonter à 3000 à 2500 avant notre ère.

Le commerce et les techniques agricoles améliorées soutenaient des sociétés plus sophistiquées, menant aux premières civilisations de l'Afrique Centrale.

Vers 1000 av. J.-C., les bantous avaient atteint la région des Grands Lacs en Afrique centrale.

La civilisation des Sao

La civilisation des Sao a prospéré à partir du VIe siècle avant notre ère jusqu'au XVIe siècle, dans le nord de l'Afrique centrale.

Les Sao vivaient près du fleuve Chari, au sud du lac Tchad, dans un territoire qui devint plus tard une partie du Cameroun et du Tchad.

Ils sont les premiers à avoir laissé des traces claires de leur présence sur le territoire du Cameroun moderne.

Aujourd'hui, plusieurs groupes ethniques du nord du Cameroun et du sud du Tchad, mais particulièrement le peuple Sara, revendiquent la descendance de la civilisation du Sao.

Les artefacts de Sao montrent qu'ils étaient des ouvriers qualifiés dans le bronze, le cuivre, et le fer.

Les trouvailles comprennent des sculptures en bronze et des statues en terre cuite de personnages humains et animaux, des pièces de monnaie, des urnes funéraires, des ustensiles ménagers, des bijoux, des poteries très décorées et des lances. Les plus grandes trouvailles archéologiques des Sao ont été faites au sud du lac Tchad.

Royaume du Kanem-Bornou

Le Royaume du Kanem-Bornou était centré dans le bassin du Tchad. Il était connu sous le nom de l'empire du Kanem à partir du IXe siècle et a continué sous le nom de Bornou jusqu'en 1900.

Au sommet de sa gloire, il englobait une zone couvrant non seulement une grande partie du Tchad, mais aussi des parties du sud moderne de la Libye, est du Niger, du nord-est du Nigeria, le nord du Cameroun, certaines parties du Sud-Soudan et de la République centrafricaine.

Kanem s'est développé au VIIIe siècle dans la région au nord et à l'est du lac Tchad.

Au XIVe siècle, l'empire de Kanem a été défait par les envahisseurs de la région du Lac Fitri.

Empire du Bornou

Le peuple kanuri conduit par les Sefuwa a migré à l'ouest et au sud du lac, où ils ont établi l'empire Bornou.

À la fin du XVIe siècle, l'empire de Bornou avait élargi et recapturé les parties du Kanem qui avaient été conquis par les Bulala.

Les états satellites de Bornou comprenaient les Damagaram à l'ouest et Baguirmi au sud-est du lac Tchad.

Royaume Shilluk

Le Royaume Shilluk était centré au Sud-Soudan à partir du XVe siècle, sur une bande de terre le long de la rive occidentale du Nil Blanc et du Lac No au nord.

La capitale et la résidence royale se trouvaient dans la ville de Fachoda.

Le royaume fut fondé au milieu du XVe siècle par son premier souverain, Nyikang.

Pendant le dix-neuvième siècle, le Royaume Shilluk a connu un déclin suite aux attaques militaires de l'Empire ottoman et plus tard à la colonisation britannique et soudanaise dans le Soudan anglo-égyptien.

Royaume du Baguirmi

Le Royaume du Baguirmi a existé comme un état indépendant pendant les XVIe et XVIIe siècles au sud-est du lac Tchad dans ce qui est maintenant le Tchad.

Baguirmi a émergé au sud-est de l'empire Kanem-Bornou. Le premier souverain du royaume était Mbang Birni Besse. Plus tard dans son règne, l'empire de Bornou a conquis l'état Baguirmi.

Royaume du Ouaddaï

Le Royaume du Ouaddaï était centré sur le Tchad et la République centrafricaine à partir du XVIIe siècle.

Le peuple Tunjur a fondé le Royaume du Ouaddaï à l'est de Bornou au XVIe siècle.

Au XVIIe siècle, il y eut une révolte du peuple Maba qui établit une dynastie musulmane.

Au début Ouaddaï était sous la domination de Bornou, mais à partir du XVIIIe siècle Ouaddaï était complètement indépendant en devenant un agresseur pour ses voisins.

Royaume Lunda ou Empire Lunda

À la suite de la migration bantoue de l'Afrique du Nord, les royaumes et les empires bantous ont commencé à se développer dans le sud de l'Afrique centrale.

Dans les années 1450, un Luba de la famille royale, Ilunga Tshibinda, a épousé la reine Lueji (Rweej) et uni tous les peuples Lunda.

Leur fils Mulopwe Luseeng élargit le royaume.

Son fils Naweej a étendu l'empire et est connu comme le premier empereur Lunda, avec le titre de Mwata Yamvo.

Le système politique de Luba a été retenu et les peuples conquis ont été intégrés dans le système.

Le mwata yamvo a assigné un kilolo (conseiller royal) et un collecteur d'impôts à chaque état conquis.

L'Imbangala de l'Angola intérieur a revendiqué la fondation du Lunda avec Kinguri, le frère de la Reine Rweej.

Les Luvale (Lwena) et Lozi (Luyana) en Zambie revendiquent également la descendance de Kinguri.

Au XVIIe siècle, un chef et guerrier Lunda appelé Mwata Kazembe a établi un royaume Lunda oriental dans la vallée de la rivière Luapula.

L'expansion occidentale du Lunda a également vu des revendications de descente par le peuple Yaka et Pende.

Lunda reliait l'intérieur de l'Afrique centrale et la côte ouest par le commerce.

Le royaume Lunda a été détruit au XIXe siècle quand il a été envahi par les Tchokwés armés de fusils.

Royaume de Kongo

Au XVe siècle, le peuple Bakongo (ba étant le préfixe du pluriel) était unifié au sein du puissant Royaume de Kongo sous un souverain appelé le Manikongo, résidant au sud du Pool Malebo.

La capitale était M'banza-Kongo.

Avec une organisation supérieure, ils ont été en mesure de conquérir leurs voisins.

Les Bakongo étaient les experts du métal, de la poterie et du tissage. Ils ont stimulé le commerce interrégional à partir d'un système contrôlé par le Manikongo.

Plus tard, le maïs et le manioc seront introduits dans la région par le commerce avec les Portugais dans les ports de Luanda et de Benguela.

Le maïs et le manioc ont entraîné une croissance démographique dans la région et dans d'autres parties de l'Afrique, en remplaçant le millet comme aliment de base.

Au XVIe siècle, le Manikongo détenait le pouvoir et l'autorité sur toute la partie de l'océan l'Atlantique en Afrique.

Chaque Manikongo a assigné à chaque territoire un Mani-mpembe (gouverneur provincial).

En 1506, Afonso I (1506-1542), un chrétien, a pris le trône.

La traite des esclaves augmenta avec les guerres de conquête d'Afonso.

De 1568 à 1569, les Jaga envahirent le Kongo forçant le Manikongo à l'exil.

En 1574, le Manikongo Álvaro I a été réinstallé avec l'aide de mercenaires portugais.

Pendant la dernière partie des années 1660, les Portugais essayèrent de prendre le contrôle du Kongo.

Le Manikongo António I (1661-1665), avec une armée congolaise de plus 10.000 soldats, fut vaincu par une armée d'afro-portugais à la bataille de Mbwila.

L'empire se dissout dans de petites sociétés, luttant entre eux pour que les prisonniers de guerre se vendent en esclavage.

Le Kongo a obtenu des prisonniers du royaume de Ndongo pendant les guerres de conquête.

Ndongo était gouverné par le Ngola.

Ndongo s'engageait également dans la traite des esclaves avec les Portugais, São Tomé étant un point de transit vers le Brésil.

Le royaume n'était pas aussi accueillant que le Kongo; il recevait les Portugais avec une grande méfiance.

Les Portugais dans la dernière partie du XVIe siècle ont essayé de prendre le contrôle de Ndongo mais ont été vaincus par le Mbundu.

Ndongo a connu son dépeuplement à la suite des raids d'esclaves.

Les dirigeants avaient établi un autre État à Matamba, affilié à la reine Nzinga, qui a opposé une forte résistance aux Portugais jusqu'à ce qu'ils s'entendent.

Les Portugais s'établirent le long de la côte comme commerçants, ne s'aventurant pas sur la conquête de l'intérieur.

L'esclavage a causé des ravages à l'intérieur, avec des États qui ont lancé des guerres de conquête pour les captifs.

L'Imbangala a formé l'état de Cassange (Kasanje), une importante source d'esclaves au cours des XVIIe et XVIIIe siècles.

Royaume de Loango

Le royaume de Loango était un état africain précolonial établi au XIIe siècle dans ce qui est maintenant la partie occidentale de la République du Congo.

Située au nord du plus puissant royaume de Kongo, à son apogée au XVIIe siècle, l'influence de Loango s'étendait du cap St. Catherine au nord jusqu'à presque l'embouchure du fleuve Congo.

Le Loango a exporté du cuivre vers le marché européen et a été un important producteur et exportateur de tissus.

Après la mort du roi N'Gangue M'Voumbe Makosso en 1787, le royaume est resté sans roi pendant une longue période.

Le royaume a certainement commencé son déclin après la Conférence de Berlin (1884-1885), lorsque les puissances coloniales européennes ont divisé la plus grande partie de l'Afrique centrale.

Période moderne

Pendant la Conférence de Berlin de 1884 à 1885, l'Afrique fut divisée entre les puissances coloniales européennes, définissant des frontières qui sont largement intactes avec les États postcoloniaux d'aujourd'hui.

Le 5 août 1890, les Anglais et les Français concluent un accord pour clarifier la frontière entre l'Afrique occidentale française (AOF) et ce qui deviendrait le Nigéria.

Une frontière a été convenue sur le Niger et sur le lac Tchad, mais laissant le califat de Sokoto dans la sphère britannique.

Parfait-Louis Monteil a été chargé d'une expédition pour découvrir où se trouvait cette ligne.

Le 9 avril 1892, il atteint Kukawa sur les rives du lac Tchad. Au cours des 20 prochaines années, une grande partie du bassin du Tchad a été incorporée par traité ou par la force dans l'Afrique occidentale française.

Le 2 juin 1909, la capitale de Ouaddaï, Abéché, fut occupée par les Français.

Le reste du bassin a été occupé par les Anglais qui ont pris Kano au Nigeria en 1903.

Les pays du bassin ont retrouvé leur indépendance entre 1956 et 1962, conservant les limites administratives coloniales.

En 2011, le Soudan du Sud a obtenu son indépendance de la République du Soudan après plus de 50 ans de guerre.

Au XIXe siècle, de nombreux groupes djihadistes et islamistes ont commencé à opérer dans la région du Lac Tchad en Afrique Centrale.

Économie

Les principales activités économiques de l'Afrique centrale sont l'agriculture, l'élevage et la pêche.

Au moins 40% de la population rurale du nord et de l'est de l'Afrique centrale vit dans la pauvreté et est régulièrement confrontée à des pénuries alimentaires chroniques.

La production végétale basée sur la pluie est possible seulement dans la ceinture sud.

L'agriculture est également pratiquée autour du lac Tchad et dans les zones humides riveraines.

Les bergers nomades migrent avec leurs animaux dans les prairies de la partie nord du bassin pendant quelques semaines pendant chaque saison de pluies.

Lorsque la saison sèche commence, ils reculent vers le sud, soit vers les pâturages autour des lacs et des plaines inondables, soit vers les savanes plus au sud.

Au cours de la période 2000-2001, les pêches du bassin du lac Tchad ont fourni des vivres et des revenus à plus de 10 millions de personnes, avec une récolte d'environ 70 000 tonnes.

Les pêches sont traditionnellement gérées par un système où chaque village a des droits reconnus sur une partie définie de la rivière, de la zone humide ou du lac, et les pêcheurs d'ailleurs doivent demander l'autorisation et payer une redevance pour utiliser cette zone.

Les gouvernements n'ont appliqué que des règles et des réglementations limitées.

Les gouvernements locaux et les autorités traditionnelles sont de plus en plus engagés dans la recherche de rentes, en collectant des droits de licence avec l'aide de la police ou de l'armée.

Le pétrole est également une exportation majeure des pays de l'Afrique centrale, constituant notamment une part importante du Produit Intérieur Brut (PIB) du Gabon, du Cameroun, du Tchad, du Sud-Soudan, du Congo, de l'Angola et de la Guinée équatoriale.

Données démographiques

Suite à la migration bantoue, l'Afrique centrale est principalement habitée par les peuples bantous et les langues bantoues prédominent.

Il s'agit des Kongo ou Bakongo (le groupe ethnique le plus important du peuple Bantou en Afrique), de l'ethnie Luba et Mongo.

L'Afrique centrale comprend également de nombreuses communautés nilo-sahariennes.

Dans le nord-ouest de l'Afrique centrale, les Kanuri nilo-sahariens prédominent.

La plupart des locuteurs oubangiens comme les Gbaya, les Banda et les Zandé (souvent regroupés avec le Niger-Congo) se trouvent en Afrique centrale.

Parmi les organisations suprarégionales notables d'Afrique centrale figurent la Commission du bassin du lac Tchad, du fleuve Congo et la

Communauté économique des États de l'Afrique centrale.

Le christianisme et la religion traditionnelle africaine sont les religions prédominantes en Afrique centrale.

L'islam est également pratiqué dans certaines régions du Tchad et de la République centrafricaine.

Les grandes villes de l'Afrique Centrale

Luanda (Angola)

Yaoundé (Cameroun)

Bangui (République Centrafricaine)

N'Djamena (Tchad)

Kinshasa (République démocratique du Congo)

Brazzaville (République du Congo)

Malabo (Guinée équatoriale)

Libreville (Gabon)

São Tomé (São Tomé et Príncipe)

Culture

En raison des processus historiques communs et des mouvements démographiques généralisés entre les pays d'Afrique centrale avant la migration bantoue dans une grande partie du sud, les cultures de la région témoignent de nombreuses similitudes et d'interrelations.

Des pratiques culturelles similaires provenant d'origines communes, en majorité des peuples nilo-sahariens ou bantous, sont également évidentes en Afrique centrale, notamment dans les domaines de la musique, de la danse, de l'art, de l'ornementation corporelle, de l'initiation et des rituels matrimoniaux.

Quelques groupes ethniques importants en Afrique centrale sont :

Les Saras : Tchad, Cameroun et République Centrafricaine.

Les Gbaya : Bassin du Tchad et République Centrafricaine.

Les Zandé : Bassin du Tchad, Soudan du Sud, République Centrafricaine et République Démocratique du Congo.

Kanouri : Bassin du Tchad, Nigeria orientale, Niger, Cameroun et Tchad.

Banda : Bassin du Tchad et République Centrafricaine.

Luba : République démocratique du Congo.

Mongo : République démocratique du Congo.

Bakongo ou Kongo : Gabon, République démocratique du Congo, Angola et République du Congo.

Métallurgie

Les premiers métaux à être fondus en Afrique étaient le plomb, le cuivre et le bronze au quatrième millénaire avant notre ère.

Le cuivre a été fondu en Égypte pendant la période prédynastique, et le bronze est entré en usage peu après 3000 av. J.-C au plus tard en Egypte et en Nubie.

La Nubie était une source majeure de cuivre ainsi que l'or.

L'utilisation de l'or et de l'argent en Égypte remonte à la période prédynastique.

Sur le Massif de l'Aïr, actuel Niger, le cuivre a été fondu indépendamment dans la vallée du Nil entre 3000 et 2500 av. J.-C.

Le processus utilisé était unique dans la région, indiquant qu'il n'a pas été importé de l'extérieur de la région.

Au 1er millénaire avant notre ère, le travail du fer avait été introduit en Afrique du Nord-Ouest, en Égypte et en Nubie.

Il existe des preuves de la fonte du fer en République centrafricaine et au Cameroun qui peuvent remonter à 3000 à 2500 avant notre ère.

En 670 av. J.-C, les Nubiens ont été poussés hors de l'Egypte par les Assyriens en utilisant des armes de fer parce que l'utilisation du fer dans la vallée du Nil s'était répandue.

La théorie de la propagation du fer en Afrique subsaharienne via la ville nubienne de Méroé n'est plus largement acceptée.

Le travail des métaux en Afrique de l'Ouest a été daté dès 2500 avant notre ère à l'ouest du Niger et le travail du fer y était pratiqué en 1500 avant notre ère.

En Afrique centrale, il est prouvé que le travail du fer peut avoir été pratiqué dès le 3ème millénaire avant notre ère.

La fonte du fer a été développée dans la région comprise entre le lac Tchad et les Grands Lacs africains entre 1000 et 600 avant notre ère, bien avant qu'elle atteigne l'Egypte.

Antiquité

L'histoire ancienne de l'Afrique du Nord est inextricablement liée à celle de l'ancien Proche-Orient.

Il s'agit particulièrement de l'Egypte ancienne et de la Nubie.

Dans la Corne de l'Afrique, le royaume d'Aksoum gouvernait l'Erythrée moderne, le nord de l'Ethiopie et la zone côtière de la partie occidentale de la péninsule arabique.

Les anciens Égyptiens ont établi des liens avec le Pays de Pount en 2350 av. J.-C.

Le Pays Pount également appelé Ta Nétjer qui signifie « Pays du dieu », était un partenaire commercial de l'Egypte antique et on croit qu'il était situé dans la Somalie contemporaine, Djibouti ou l'Erythrée.

Les villes phéniciennes telles que Carthage faisaient partie de l'âge du fer méditerranéen et de l'antiquité classique.

Égypte ancienne

Après la désertification du Sahara, la colonisation s'est concentrée dans la vallée du Nil, où de nombreuses chefferies sacrées sont apparues.

Les régions ayant la plus forte pression démographique se trouvaient dans le delta du Nil, en Basse-Égypte, en Haute-Égypte, ainsi que dans Dongola en Nubie.

Cette pression et cette croissance démographique ont été provoquées par les cultures du sud-ouest asiatique, y compris le blé et l'orge, l'élevage de moutons, de chèvres et de bétail.

La croissance de la population a conduit à la conquête des terres agricoles et à la nécessité de réglementer l'agriculture.

Le règlement a été établi par la formation des bureaucraties parmi les chefferies sacrées.

La première et la plus puissante des chefferies était Ta-Seti, fondée vers 3500 avant notre ère. L'idée de la chefferie sacrée s'étendait dans la Haute et la Basse-Égypte.

La consolidation ultérieure des chefferies en entités politiques plus larges a commencé à se produire en Haute et Basse Égypte, culminant dans l'unification de l'Égypte en une entité politique par le roi Narmer en 3100 av. J.-C.

Au lieu d'être considéré comme un chef sacré, il est devenu un roi divin. L'hénothéisme, ou culte d'un seul dieu dans un système polythéiste, pratiqué dans les chefferies sacrées le long de la Haute et Basse Égypte, devint la religion polythéiste égyptienne ancienne.

Les bureaucraties devinrent plus centralisées sous les pharaons, gérées par des vizirs, des gouverneurs, des collecteurs d'impôts, des généraux, des artistes et des techniciens.

Ils s'occupaient de la perception des impôts, de l'organisation du travail pour les grands travaux publics et de la construction des systèmes d'irrigation, des pyramides, des temples et des canaux.

Pendant la quatrième dynastie (2620-2480 av. J.-C), le commerce de longue distance a été développé, avec le Levant ou Moyen-Orient pour le bois, avec la Nubie pour l'or et les peaux, avec Pount pour l'encens, mais aussi avec les territoires libyens occidentaux.

Pour la plupart de l'ancien royaume, l'Égypte a développé ses systèmes, institutions et culture fondamentaux, toujours à travers la bureaucratie centrale et selon la divinité du Pharaon.

Après le quatrième millénaire avant notre ère, l'Égypte a commencé à étendre le contrôle militaire et politique direct sur ses voisins du sud et de l'ouest.

En 2200 avant notre ère, la stabilité de l'Ancien Empire fut minée par la rivalité entre les gouverneurs des nomes qui défiaient le pouvoir des pharaons et par les invasions des Asiatiques dans le delta du Nil.

Ainsi, la première période intermédiaire avait commencé, une période de division politique et d'incertitude.

En 2130 av. J.-C, la période de stagnation a été dominée par Montouhotep Ier, le premier pharaon de la onzième dynastie.

Le commerce à distance reprend et le centre de pouvoir se déplace de Memphis à Thèbes.

Les connexions avec les régions du sud de Koush, Wawat et Irthet ont été renforcées.

Puis vint la Deuxième Période Intermédiaire, avec l'invasion des Hyksos sur des chars tirés par des chevaux et en utilisant des armes en bronze, une technologie jusqu'alors invisible en Egypte.

Des chars tirés par des chevaux s'étendirent bientôt à l'ouest du Sahara. Les Hyksos n'ont pas réussi à tenir leurs territoires égyptiens et ont été absorbés par la société égyptienne.

Cela finit par aboutir à l'une des phases les plus puissantes de l'Egypte, le Nouveau Royaume (1580-1080 av. J.-C), avec la Dix-huitième dynastie.

L'Égypte devint une superpuissance contrôlant la Nubie et la Judée tout en exerçant une influence politique sur les Libyens à l'Ouest et sur la Méditerranée.

Comme précédemment, le nouveau royaume a subi l'invasion de l'ouest par les princes libyens, menant à la troisième période intermédiaire.

Commençant par Sheshonq Ier, la vingt-deuxième dynastie a été établie. Elle a régné pendant deux siècles.

Au sud, l'indépendance et la force de la Nubie étaient réaffirmées.

Cette réouverture avait conduit à la conquête de l'Égypte par la Nubie, initiée par Kachta et complétée par Piânkhy (751-730 av. J.-C) et Chabaka (716-695 av. J.-C).

C'était la naissance de la vingt-cinquième dynastie de l'Egypte.

Les Nubiens ont essayé de rétablir les traditions et les coutumes égyptiennes. Ils gouvernèrent l'Égypte pendant cent ans.

Ce fut terminé par une invasion assyrienne, avec Taharqa expérimentant la pleine puissance des armes de fer assyriennes.

Le pharaon nubien Tanoutamon était le dernier de la vingt-cinquième dynastie.

Quand les Assyriens et les Nubiens sont partis, une nouvelle vingt-sixième dynastie est sortie de Saïs.

Elle a duré jusqu'à 525 av. J.-C, quand l'Égypte a été envahie par les Persans. Contrairement aux Assyriens, les Perses sont restés.

En 332, l'Egypte fut conquis par Alexandre le Grand. C'était le début de la dynastie ptolémaïque, qui a fini avec la conquête romaine en 30 av. J.-C.

L'Égypte pharaonique avait pris fin.

La Nubie

Vers 3500 av. J.-C, l'un des premiers royaumes sacrés à se poser dans le Nil était Ta-Seti, situé dans le nord de la Nubie.

Ta-Seti était un puissant royaume sacré dans la vallée du Nil qui exerçaient une influence sur les chefferies proches basées sur une représentation de la Haute Égypte.

Ta-Seti a exporté l'or, le cuivre, les plumes d'autruche, l'ébène et l'ivoire vers l'Ancien Empire.

En 32 av. J.-C, Ta-Seti était en déclin.

Après l'unification de l'Égypte par Narmer en 3100 avant notre ère, Ta-Seti fut envahie par le Pharaon Hor-Aha de la Première Dynastie, détruisant les restes du royaume.

Les petits royaumes ont continué à contrôler la partie nubienne du Nil.

Vers la fin du troisième millénaire, les royaumes sacrés se sont encore consolidés.

Deux royaumes en particulier ont émergé: le royaume Sai, immédiatement au sud de l'Egypte, et le royaume de Kerma à la troisième cataracte du Nil.

Vers 1800 avant notre ère, le royaume de Kerma conquit le royaume de Sai, devenant un rival sérieux pour l'Egypte.

Le Kerma a occupé le territoire de la première cataracte aux confluences du Nil bleu, du Nil blanc et de la rivière Atbara.

De 1575 à 1550 avant notre ère, au cours de la dernière partie de la Dix-septième dynastie, le royaume de Kerma envahit l'Égypte.

Le royaume de Kerma s'allia aux Hyksos de l'Egypte.

L'Égypte a finalement été réalimenté sous la Dix-huitième dynastie et a conquis le Royaume de Kerma ou Koush, le gouvernant pendant près de 500 ans.

Les Koushites furent égyptiens pendant cette période.

En 1100 avant notre ère, les Egyptiens se sont retirés de Koush. La région a retrouvé son indépendance et réaffirmé sa culture.

Koush a construit une nouvelle religion autour d'Amon et a fait de Napata son centre spirituel.

En 730 avant notre ère, le royaume de Koush envahit l'Égypte, s'emparant de Thèbes et débuta l'Empire nubien.

L'empire s'étendait de la Palestine aux confluents du Nil bleu, du Nil blanc et de la rivière Atbara.

En 760 avant notre ère, les Kouchites furent expulsés d'Égypte par des Assyriens.

Plus tard, la capitale administrative a été déplacée de Napata à Méroé, se transformant en une nouvelle culture nubienne.

Au début, les Méroïtes étaient très égyptiens, mais ils ont ensuite commencé à prendre des traits distinctifs.

La Nubie devint un centre de production de fer et de coton.

L'écriture égyptienne fut remplacée par l'alphabet méroïtique.

Le dieu lion Apédémak fut ajouté au panthéon des dieux égyptiens.

Les liens commerciaux avec la mer Rouge ont augmenté, reliant la Nubie à la Grèce méditerranéenne.

Son architecture et son art se diversifient, avec des tableaux de lions, d'autruches, de girafes et d'éléphants.

Finalement avec la montée d'Aksoum, les liens commerciaux avec la Nubie ont été brisés. Elle a souffert la dégradation environnementale de la coupe d'arbre requise pour la production de fer.

En 350 CE, le roi Aksoumite Ezana a envahi Méroé.

Civilisation carthaginoise

Les Égyptiens appellent la population Berbères de l'ouest du Nil Libyens.

Les Libyens étaient des agriculteurs comme les Maures du Maroc et les Numides du centre et de l'est de l'Algérie et de la Tunisie.

Ils étaient aussi nomades dans le désert aride comme les Gétules. Les nomades berbères du désert étaient typiquement en conflit avec les agriculteurs berbères côtiers.

Les Phéniciens étaient des marins méditerranéens à la recherche constante de métaux précieux comme le cuivre, l'or, l'étain et le plomb.

Ils ont commencé à peupler la côte nord-africaine en formant des centres commerciaux et en se mélangeant avec la population berbère indigène.

En 814 avant notre ère, les Phéniciens de Tyr établirent la ville de Carthage.

Vers 600 av. J.-C., Carthage est devenue une entité commerciale majeure et une puissance dans la Méditerranée, en grande partie grâce au commerce avec l'Afrique tropicale. La prospérité de Carthage a favorisé la croissance des royaumes berbères Numide et Maure.

Vers 500 av. J.-C., Carthage a donné une forte impulsion au commerce avec l'Afrique subsaharienne.

Les intermédiaires berbères, qui avaient entretenu des contacts avec l'Afrique subsaharienne depuis que le désert est desséché, ont utilisé des animaux pour transporter des produits d'oasis en oasis.

Le sel et les produits métalliques étaient échangés contre de l'or, des esclaves, des perles et de l'ivoire.

Les Carthaginois étaient rivaux des Grecs et des Romains. Carthage a combattu les trois guerres puniques contre Rome: la première guerre punique (264 à 241 av. J.-C), sur la Sicile; la Deuxième Guerre Punique (218 à 201 av. J.-C), dans laquelle Hannibal Barca a envahi l'Europe; et la troisième guerre punique (149 à 146 avant notre ère).

Carthage a perdu les deux premières guerres, et dans la troisième, elle a été détruite, devenant la province romaine de l'Afrique, avec l'aide du royaume berbère de la Numidie.

La province romaine de l'Afrique est devenue un important fournisseur agricole de blé, d'olives et d'huile d'olive à la Rome impériale.

Deux siècles plus tard, Rome a placé sous son autorité les royaumes berbères de la Numidie et de la Maurétanie.

En 420 av. J.-C, les Vandales ont envahi l'Afrique du Nord et Rome a perdu ses territoires.

Les royaumes berbères ont par la suite retrouvé leur indépendance.

Le christianisme a gagné une influence à Alexandrie au 1er siècle et s'est propagé à travers l'Afrique du Nord-Ouest.

En 313, avec l'édit de Milan, toute l'Afrique du Nord romaine était chrétienne.

Les Égyptiens ont adopté le monophysisme et ont formé l'Église copte indépendante.

Les berbères ont adopté le Christianisme Donatiste.

Les deux groupes ont refusé d'accepter l'autorité de l'église catholique romaine.

Rôle des Berbères

À mesure que le pouvoir carthaginois grandissait, son impact sur la population autochtone augmentait de façon spectaculaire.

La civilisation berbère était déjà à un stade où l'agriculture, la science, le commerce et l'organisation politique soutenaient plusieurs états.

Les liens commerciaux entre Carthage et les Berbères de l'intérieur ont augmenté, mais l'expansion territoriale a également abouti à l'esclavage ou au recrutement militaire de quelques Berbères.

Au début du IVe siècle av. J.-C., les Berbères formaient l'un des éléments les plus importants de l'armée carthaginoise avec les Gaulois.

Dans la révolte des mercenaires, les soldats berbères ont participé de 241 à 238 après avoir été impayés suite à la défaite de Carthage dans la première guerre punique.

Les Berbères réussirent à obtenir le contrôle de la plus grande partie du territoire nord-africain de Carthage.

L'État carthaginois a décliné en raison des défaites successives des Romains dans les guerres puniques; en 146 avant notre ère, la ville de Carthage fut détruite.

Au fur et à mesure que le pouvoir carthaginois diminuait, l'influence des dirigeants berbères dans l'arrière-pays augmentait.

Au 2ème siècle avant notre ère, plusieurs grands royaumes berbères, administrés de façon lâche, avaient émergé.

Deux d'entre eux furent établis en Numidie, derrière les zones côtières contrôlées par Carthage.

À l'ouest de la Numidie s'étendait la Maurétanie, qui s'étendait sur la rivière Moulouya au Maroc jusqu'à l'océan Atlantique.

Le point culminant de la civilisation berbère jusqu'à l'arrivée des Almohades et des Almoravides plus d'un millénaire plus tard, a été atteint pendant le règne de Massinissa au 2ème siècle avant notre ère.

Après la mort de Massinissa en 148 av. J.-C., les royaumes berbères ont été divisés et réunis à plusieurs reprises.

La ligne de Masinissa a survécu jusqu'à 24, quand le reste du territoire berbère a été annexé à l'Empire romain.

Somalie

Les ancêtres du peuple somalien ont joué un rôle important dans la Corne de l'Afrique reliant le commerce de la région avec le reste du monde antique.

Les matelots et les marchands somaliens étaient les principaux fournisseurs de l'encens, de la myrrhe et des épices, qui étaient précieux pour les Égyptiens, les Phéniciens, les Mycéniens et les Babyloniens.

Pendant l'ère classique, plusieurs villes-états de la Somalie prospères comme Opone, Mosylon, Cap Guardafui, et Malao ont rivalisé avec les Parthes et les Aksoumites pour le contrôle du commerce Indo-Greco-Romain.

Afrique du Nord Romaine

Les augmentations de l'urbanisation et de la zone cultivée pendant la domination romaine ont provoqué des dislocations massives de la société berbère, obligeant les tribus nomades à s'installer ou à quitter leurs pâturages traditionnels.

Les tribus sédentaires ont perdu leur autonomie et leur lien avec la terre. L'opposition berbère à la présence romaine était presque constante.

L'empereur romain Trajan établit une frontière au sud en encerclant les monts Aurès et Nemencha et en construisant une ligne fortifiée au sud-est de Biskra.

La ligne de défense s'étendait au moins jusqu'à Castellum Dimmidi (Messaâd moderne, au sud-ouest de Biskra).

Les Romains se sont installés et ont développé la région autour de Sitifis (Sétif moderne) au 2ème siècle.

La présence militaire romaine de l'Afrique du Nord restait relativement petite, comptant environ 28 000 soldats et auxiliaires dans la Numidie et les deux provinces mauritaniennes.

À partir du 2ème siècle, ces garnisons étaient surtout habitées par des habitants locaux.

En dehors de Carthage, l'urbanisation en Afrique du Nord vint en partie avec l'établissement des colonies d'anciens combattants sous les empereurs romains Claudius (41-54), Nerva (96-98) et Trajan (98-117).

En Algérie, il s'agit de Tipasa, Cuicul ou Curculum (Djemila moderne, au nord-est de Sétif), Thamugadi (Timgad moderne, au sud-est de Sétif) et Sitifis (Sétif moderne).

La prospérité de la plupart des villes dépendait de l'agriculture. Appelé le «grenier de l'empire», l'Afrique du Nord devint l'un des plus grands exportateurs de céréales de l'empire, expédiant aux provinces qui ne produisaient pas de céréales, comme l'Italie et la Grèce.

D'autres cultures comprenaient des fruits, des figues, des raisins et des haricots.

Les débuts du déclin impérial romain semblaient moins sérieux en Afrique du Nord qu'ailleurs.

Cependant, des soulèvements ont eu lieu.

En 238 après J.-C., les propriétaires fonciers se sont rebellés sans succès contre les politiques fiscales impériales.

Les révoltes tribales sporadiques dans les montagnes de Mauritaniennes ont suivi de 253 à 288, pendant la Crise du Troisième siècle.

Les villes ont également souffert des difficultés économiques et l'activité du bâtiment avait presque cessée.

Les villes de l'Afrique du Nord romaine avaient une population juive considérable.

Certains juifs avaient été déportés de Judée ou de Palestine aux Ier et IIe siècles de notre ère pour se révolter contre la domination romaine; d'autres étaient venus plus tôt avec des colons puniques.

En outre, un certain nombre de tribus berbères pratiquaient le judaïsme.

Le christianisme est arrivé au IIe siècle et a rapidement gagné des convertis dans les villes et parmi les esclaves.

Plus de quatre-vingts évêques, certains de régions lointaines de la Numidie, ont assisté au Conseil de Carthage en 256.

À la fin du 4ème siècle, les secteurs contrôlés ont été christianisés et quelques tribus berbères se sont convertis en masse.

Une division de l'église connu sous le nom de Donatisme a commencé en 313 parmi les chrétiens d'Afrique du Nord.

Les Donatistes insistèrent sur la sainteté de l'Église et refusèrent d'administrer les sacrements de ceux qui avaient livré les Écritures quand ils ont été interdits sous l'empereur Dioclétien (284-305).

Les donatistes se sont également opposés à l'implication de Constantin le Grand (306-337) dans les affaires de l'église en contraste avec la majorité des chrétiens qui ont accueilli la reconnaissance impériale officielle.

La controverse violente a été caractérisée par une lutte entre les opposants et les partisans du système romain.

Augustin d'Hippone a soutenu que l'indignité n'affectait pas la validité des sacrements parce que le véritable ministre était Jésus-Christ.

Augustin a développé une théorie qui donne le droit aux dirigeants chrétiens orthodoxes d'utiliser la force contre les schismatiques et les hérétiques.

Bien que le conflit ait été résolu par une décision de la commission impériale à Carthage en 411, les communautés de Donatistes ont continué à exister.

Une baisse du commerce a affaibli le contrôle romain.

Des royaumes indépendants ont émergé dans les régions montagneuses et désertiques, les villes ont été envahies et les Berbères, qui avaient été précédemment poussés jusqu'aux confins de l'Empire romain, sont revenus.

Pendant la guerre des Vandales en 533, Flavius Belisarius, général de l'empereur byzantin Justinien I basé à Constantinople, débarque en Afrique du Nord avec 16.000 hommes pour détruire le Royaume Vandale.

L'opposition locale a retardé le contrôle byzantin complet sur la région pendant douze ans.

Bien qu'une série impressionnante de fortifications aient été construites, l'influence byzantine a été compromise par la corruption officielle, l'incompétence, la faiblesse militaire et le manque de préoccupation à Constantinople pour les affaires africaines, ce qui en a fait une cible facile pour les Arabes pendant les premières conquêtes musulmanes.

Royaume d'Aksoum

L'état le plus ancien en Érythrée et dans le nord de l'Éthiopie, D'mt, date du VIIe siècle avant notre ère. D'mt a pratiqué le commerce à travers la mer Rouge avec l'Égypte et la Méditerranée, fournissant l'encens.

Aux 5ème et 3ème siècles, D'mt était en déclin, et plusieurs États successeurs ont pris le contrôle.

Plus tard, il y eut plus de commerce avec l'Arabie du Sud, principalement avec le port de Saba.

Adulis est devenu un centre commercial important dans les hautes terres éthiopiennes.

L'interaction des peuples des deux régions, du sud de l'Arabie et du nord de l'Éthiopie, a donné lieu à la culture, la langue et au développement du script Ge'ez.

Les liens commerciaux se sont développés et ont augmenté de la Mer Rouge à la Méditerranée, avec l'Égypte, la Grèce et Rome, la Mer Noire, la Perse, l'Inde et la Chine.

Au 5ème siècle, la région était très prospère, exportant l'ivoire, les peaux d'hippopotame, la poussière d'or, les épices, et les éléphants vivants.

Le royaume importait de l'argent, de l'or, de l'huile d'olive et du vin. Aksoum fabriquait des cristaux de verre, du laiton et du cuivre pour l'exportation.

Un Aksoum puissant a émergé, unifiant des parties de l'est du Soudan, du nord de l'Ethiopie et de l'Erythrée.

Ses rois ont construit des bâtiments en pierre et ont été enterrés sous des monuments mégalithiques.

En 300, Aksoum a commencé la fabrication de ses propres pièces d'argent et d'or.

En 331, le roi Ezana (320-350) a été converti au christianisme de Monophysisme par Frumentius et Édésios de Cappadoce.

Certains savants croyaient que le processus était plus complexe et plus graduel qu'une simple conversion.

La tradition monastique syrienne a pris racine dans l'église éthiopienne en 350.

Au $6^{\text{ème}}$ siècle Aksoum était assez puissant pour ajouter Saba de la péninsule arabique à son empire.

À la fin du $6^{\text{ème}}$ siècle, l'Empire Sassanide a poussé Aksoum hors de la péninsule.

Avec la propagation de l'islam à travers l'Asie occidentale et l'Afrique du Nord, les réseaux commerciaux d'Aksoum dans la Méditerranée vacillèrent.

Le commerce sur la mer Rouge a diminué car il a été détourné vers le golfe Persique et dominé par les Arabes, causant éventuellement la chute d'Aksoum.

Vers 800 apr. J.-C., la capitale a été déplacée vers le sud dans les hautes terres intérieures.

Afrique de l'Ouest

Dans l'ouest du Sahel, la montée des communautés sédentaires est due en grande partie à la domestication du mil et du sorgho.

L'archéologie fait état d'importantes populations urbaines en Afrique de l'Ouest à partir du 2e millénaire avant notre ère.

Les relations commerciales symbiotiques se sont développées avant le commerce transsaharien, en réponse aux opportunités offertes par la diversité nord-sud des écosystèmes à travers les déserts, les prairies et les forêts.

Les agriculteurs ont reçu du sel des nomades du désert. Les nomades du désert ont acheté de la viande et d'autres aliments des éleveurs, des agriculteurs et des pêcheurs sur le fleuve Niger.

Les habitants des forêts fournissaient des fourrures et de la viande.

Dhar Tichitt et Oualata dans la Mauritanie actuelle figurent en bonne place parmi les premiers centres urbains, datés de 2000 ans av. J.-C..

Environ 500 colonies de pierre jonchent la région dans l'ancienne savane du Sahara.

Ses habitants ont pêché et cultivé le mil.

Les Soninkés étaient responsables de la construction des colonies. Vers 300 avant notre ère, la région est devenue plus desséchée et les colonies commencèrent à disparaître, se déplaçant vraisemblablement vers Koumbi Saleh.

Les preuves architecturales et la comparaison des styles de poterie suggèrent que Dhar Tichitt était lié à l'Empire du Ghana.

Djenné-Djenno (dans le Mali actuel) a été installé autour de 300 av. J.-C., et la ville a grandi pour abriter une population considérable, comme en témoignent les cimetières bondés.

Les structures vivantes étaient faites de boue séchée au soleil. En 250 avant notre ère, Djenné-Djenno était devenu une grande ville prospère.

Plus au sud, au centre du Nigéria, vers 1000 avant notre ère, la culture de Nok s'est développée sur le Plateau de Jos.

C'était une communauté fortement centralisée.

Les peuples de Nok ont produit des représentations réalistes en terre cuite, y compris les têtes humaines, des éléphants et d'autres animaux.

Vers 500 avant notre ère, ils fondaient du fer.

En 200 apr.J.-C., la culture de Nok avait disparu.

Basé sur des similitudes stylistiques, les figurines en bronze du royaume yoruba d'Ife et celles du royaume du Bénin sont des continuations des traditions de la culture de Nok.

Expansion Bantoue

L'expansion Bantoue est le nom d'une série de migrations des locuteurs du groupe linguistique proto-bantou.

La principale preuve de cette expansion a été la linguistique, à savoir que les langues parlées en Afrique subsaharienne sont remarquablement similaires les uns aux autres.

Les tentatives de tracer la voie exacte de l'expansion, de la corréler avec les preuves archéologiques et les preuves génétiques, n'ont pas été concluantes ; ainsi de nombreux aspects de l'expansion restent dans le doute ou sont fortement contestés.

Les Bantous ont voyagé en deux vagues, la première à travers la région forestière du Congo.

Le noyau linguistique de la famille des langues bantoues, une branche de la famille linguistique nigéro-congolaise, était situé dans la région voisine du Cameroun et du Nigéria.

À partir de ce noyau, l'expansion a débuté il y a environ 3000 ans, avec un cours d'eau en Afrique de l'Est et d'autres cours d'eau allant vers le sud, le long de la côte africaine du Gabon, de la République démocratique du Congo et de l'Angola et au sud du fleuve Congo.

L'expansion a finalement atteint l'Afrique du Sud, probablement dès 300 av. J.-C..

Théories sur l'expansion

Initialement, les archéologues croyaient qu'ils pouvaient trouver des similitudes archéologiques dans les cultures anciennes de la région que les bantou ont traversé; tandis que les linguistes, en classant les langues et en créant une table généalogique, croyaient pouvoir reconstituer des éléments matérielles.

Ils croyaient que l'expansion était due au développement de l'agriculture, à la fabrication de la céramique et à l'utilisation du fer, ce qui a permis l'exploitation de nouvelles zones écologiques.

L'expansion Bantoue a dominé le peuple Khoïsan (chasseur-forgeron), qui habitait autrefois l'Afrique australe.

En Afrique de l'Est et en Afrique australe, les orateurs bantous ont peut-être adopté l'élevage des autres peuples non apparentés de langue nilotique qu'ils ont rencontrés.

Les pratiques d'élevage ont atteint l'extrême sud plusieurs siècles avant l'expansion des migrants bantous.

Les preuves archéologiques, linguistiques, génétiques et environnementales appuient toutes la conclusion que l'expansion bantou était une migration humaine importante.

Langues Niger-Congo

La famille Niger-Congo comprend un vaste groupe de langues réparties dans toute l'Afrique subsaharienne.

La branche Bénoué-Congo comprend les langues bantoues que l'on retrouve dans toute l'Afrique centrale, méridionale et orientale.

Un trait caractéristique de la plupart des langues nigéro-congolaises, y compris les langues bantoues, est leur utilisation du tonus.

Ils manquent généralement d'inflexion, mais le genre grammatical est caractéristique, avec quelques langues ayant deux douzaines de genres (classes nominales).

La racine du verbe tend à rester inchangée, soit avec des particules, soit avec des verbes auxiliaires exprimant les temps et les humeurs.

Démographie avant l'expansion

Avant l'expansion des populations agricoles et pastorales africaines, l'Afrique australe était peuplée de chasseurs-cueilleurs et d'anciens pasteurs.

Afrique centrale

On pense que les Pygmées et les Bantous d'Afrique Centrale dérivaient d'une population ancestrale commune il y a 70 000 ans.

Beaucoup de groupes Mbuti et Mbenga ou Baka parlent des langues bantoues; cependant, une partie considérable de leur vocabulaire n'est pas d'origine bantoue.

Une grande partie de ce vocabulaire est botanique, ou spécialisé pour la forêt et partagé entre les groupes Mbuti.

Afrique australe

Les peuples parlant proto-khoisan, dont les descendants se sont largement mêlés à d'autres peuples et repris d'autres langues; quelques-uns vivent toujours dans les régions arides autour du désert de Kalahari, tandis qu'un plus grand nombre de Nama continuent leur pratiques traditionnelles (en élevant le bétail en Namibie et en Afrique du Sud).

Afrique orientale

Les populations Hadza et Sandawe en Tanzanie constituent l'autre reste moderne de chasseurs-cueilleurs.

Des parties de ce qui est aujourd'hui le Kenya et la Tanzanie actuels étaient également principalement habitées par des orateurs afro-asiatiques de la Corne de l'Afrique suivis par une vague ultérieure de bergers nilo-sahariens.

Expansion

L'expansion du peuple bantou de leur région centrale a commencé autour de 1000 av. J.-C..

Les locuteurs étaient à la fois ferrailleurs et agriculteurs et l'archéologie a montré qu'ils n'utilisaient pas le fer en 400 avant notre ère.

La branche occidentale, qui n'est pas nécessairement linguistiquement distincte, a suivi la côte et les principaux fleuves du Congo en direction du sud, atteignant le centre de l'Angola vers 500 avant notre ère.

Il est clair qu'il y avait des populations humaines dans la région au moment de l'expansion, et les pygmées sont leurs descendants purs.

Cependant, la recherche génétique suggère que seuls les groupes originaires d'Afrique de l'Ouest y sont trouvés aujourd'hui, distinctif de la population pré-Bantu.

En Afrique du Sud, cependant, un mélange plus complexe aurait pu avoir lieu.

Plus à l'est, les communautés bantoues avaient atteint la grande forêt tropicale d'Afrique centrale et, vers 500 avant notre ère, des groupes avaient émergé dans les savanes du sud de la République démocratique du Congo, de l'Angola et de la Zambie.

Un autre courant migratoire, qui se déplaçait vers l'est il y a 3000 ans, créait un nouveau centre de population important près des Grands Lacs de l'Afrique de l'Est, où un environnement riche soutenait une population dense.

Les mouvements de petits groupes au sud-est de la région des Grands Lacs ont été plus rapides, les premières colonies étant très dispersées près de la côte et près des rivières, en raison des conditions agricoles relativement difficiles dans les zones plus éloignées de l'eau.

Les populations avaient atteint le KwaZulu-Natal moderne en Afrique du Sud en 300, le long de la côte et la province moderne du Limpopo en 500.

Du 13ème siècle au 17ème siècle

Entre les XIIIe et XVe siècles, les états de Bantou relativement puissants, à une échelle plus grande que les chefferies locales, commencent à émerger dans la région des Grands Lacs, dans la savane au sud de la forêt tropicale d'Afrique centrale et sur le fleuve Zambèze où les rois de Monomotapa ont construit le célèbre complexe du Grand Zimbabwe.

Ces processus de formation de l'État se sont produits avec une fréquence croissante à partir du XVIe siècle et étaient probablement dus à une population plus dense, ce qui a conduit à la naissance du pouvoir militaire.

D'autres facteurs ont été l'augmentation des échanges entre les communautés africaines et les commerçants européens ou arabes sur les côtes; l'évolution technologique de l'activité économique et de nouvelles techniques politique et spirituelle de la royauté.

Naissance de l'Empire Zoulou

Au moment où le Grand Zimbabwe avait cessé d'être la capitale d'un grand empire commercial, des locuteurs de langues bantoues étaient présents dans une grande partie de l'Afrique australe.

Deux groupes principaux se sont développés, les Nguni (Xhosa, Zoulou, Swazi), qui occupaient les plaines côtières orientales, et les Basotho-Tswana qui vivaient sur le plateau intérieur.

À la fin du XVIIIe et au début du XIXe siècle, deux événements majeurs se sont produits.

Les Trekboers colonisaient de nouvelles régions de l'Afrique australe, se déplaçant vers le nord-est de la colonie du Cap, pour entrer en contact avec les Xhosas, les Nguni du Sud.

Dans le même temps, des événements majeurs se déroulaient plus au nord dans le KwaZulu-Natal moderne.

A cette époque, la région était peuplée de dizaines de petits clans, dont l'un était le Zoulou.

En 1816, Chaka Zulu a accédé au trône zoulou.

En un an, il avait conquis les clans voisins et avait fait des Zoulous l'allié le plus important du grand clan Mthethwa, qui était en concurrence avec le clan Ndwandwe pour la domination de la partie nord du KwaZulu-Natal moderne.

Afrique Médiéval et Moderne

La civilisation des Sao

La civilisation des Sao a prospéré entre le VIe siècle av. J.-C. et le XVIe siècle en Afrique Centrale.

Le Sao vivait près de la rivière Chari, au sud du lac Tchad, dans un territoire qui devint plus tard une partie du Cameroun et du Tchad.

Ils sont les premiers à avoir laissé des traces claires de leur présence sur le territoire du Cameroun moderne.

Aujourd'hui, plusieurs groupes ethniques du nord du Cameroun et du sud du Tchad, mais particulièrement le peuple Sara, revendiquent la descendance de la civilisation du Sao.

Les artefacts de Sao montrent qu'ils étaient des ouvriers habiles dans le bronze, le cuivre, et le fer.

Les trouvailles comprennent des sculptures en bronze et des statues en terre cuite de personnages humains et animaux, des pièces de monnaie, des urnes funéraires, des ustensiles ménagers, des bijoux, des poteries très décorées et des lances.

Les plus grandes trouvailles archéologiques de Sao ont été faites au sud du lac Tchad.

Royaume du Kanem

Le Royaume du Kanem était centré dans le bassin du Tchad. Il était connu sous le nom de l'empire Kanem à partir du 9ème siècle et a évolué comme le royaume indépendant de Bornou jusqu'en 1900.

Au sommet de sa gloire, il englobait une zone couvrant non seulement une grande partie du Tchad, mais aussi des parties du sud moderne de la Libye, l'est du Niger, le nord-est du Nigeria, le nord du Cameroun, certaines parties du Sud-Soudan et de la République centrafricaine.

Kanem s'est élevé au VIIIe siècle dans la région au nord et à l'est du lac Tchad.

L'empire Kanem est entré en déclin au 14ème siècle a été vaincu par les envahisseurs Boulala de la région du lac Fitri.

Vers le IXe siècle apr. J.-C., l'empire soudanique central du Kanem, avec sa capitale à Njimi, fut fondé par les nomades kanuri.

Le Kanem est né en s'engageant dans le commerce transsaharien et a échangé des esclaves pour des chevaux d'Afrique du Nord.

Vers la fin du 11ème siècle, la dynastie islamique de Sayfawa a été fondée par Humai ibn Salamna.

La dynastie Sayfawa a régné pendant 771 ans, ce qui en fait l'une des dynasties les plus anciennes de l'histoire de l'humanité.

En plus du commerce, la fiscalité des fermes locales autour de Kanem est devenue une source de revenus de l'État.

Kanem a atteint son apogée sous Mai (roi) Dounama Dibalami ibn Salma (1210-1248).

L'empire aurait pu organiser 40 000 cavaliers et s'étendre du Fezzan au nord jusqu'à l'Etat de Sao au sud.

L'islam s'est solidement ancré dans l'empire. Les pèlerinages à La Mecque étaient fréquents; le Caire avait des auberges réservées spécifiquement pour les pèlerins de Kanem.

Empire du Bornou

Le peuple kanuri conduit par les Sayfuwa a migré à l'ouest et au sud du lac, où ils ont établi l'empire du Bornou.

Vers la fin du XVIe siècle, l'empire du Bornou avait élargi et reconquis les parties du Kanem qui avaient été conquis par les Boulala.

Les états satellites de Bornou comprenaient les Damagaram à l'ouest et Baguirmi au sud-est du lac Tchad.

Vers 1400, la dynastie Sayfawa a déplacé son pouvoir à Bornou, un état tributaire au sud-ouest du lac Tchad avec Birni Ngarzagamou comme la nouvelle capitale.

Le surpâturage avait rendu les terres du Kanem trop secs.

De plus, la rivalité politique du clan Boulala devenait intense.

Bornou a mieux situé l'empire en élargissant son réseau de commerce.

Des liens vers les États haoussa ont également été établis, fournissant des chevaux et du sel.

Mai Ali Gazi ibn Dunama (1475-1503) a défait le clan Boulala, rétablissant le contrôle complet sur Kanem.

Au début du XVIe siècle, la dynastie Sayfawa a consolidé son pouvoir sur la population de Bornou après beaucoup de rébellion.

Dans la seconde moitié du XVIe siècle, Mai Idrīs Alaoma a modernisé son armée, contrairement à l'Empire Songhaï.

Les mercenaires turcs ont été utilisés pour former les militaires.

Les Mai (roi) de la dynastie Sayfawa était les premiers monarques au sud du Sahara à importer des armes à feu.

L'empire contrôlait tout le Sahel, depuis les frontières du Darfour à l'est. Une relation amicale a été établie avec l'Empire ottoman via Tripoli.

Le Mai échangé des cadeaux avec le sultan ottoman.

Au cours du XVIIIe siècle, Bornou est devenu un centre d'apprentissage islamique.

Cependant, l'armée est devenue faible et les Kamembou ont favorisé son déclin.

Le pouvoir du Mai a été restreint par les sécheresses et la famine qui deviennent plus intenses, la rébellion interne dans le nord, le pouvoir croissant des Haoussa et l'importation des armes à feu qui ont rendu la guerre plus sanglante.

En 1841, le dernier Mai fut déposé, mettant fin à la longue dynastie Sayfawa.

Royaume Shilluk

Le Royaume Shilluk était centré au Sud-Soudan à partir du XVe siècle, le long de la rive ouest du Nil Blanc et du Lac No.

La capitale et la résidence royale se trouvaient dans la ville de Fachoda.

Le royaume fut fondé au milieu du XVe siècle par son premier souverain, Nyikang.

Pendant le XIXe siècle, le Royaume de Shilluk a fait face au déclin suite aux assauts militaires de l'Empire ottoman et plus tard à la colonisation britannique et soudanaise dans le Soudan anglo-égyptien.

Royaume du Baguirmi

Le Royaume du Baguirmi a existé comme un état indépendant pendant les XVIe et XVIIe siècles au sud-est du lac Tchad dans ce qui est maintenant le Tchad.

Le Baguirmi a émergé au sud-est de l'empire du Kanem-Bornou.

Le premier souverain du royaume était Mbang Birni Besse. Plus tard dans son règne, l'empire de Bornou a conquis son état.

Empire Ouaddaï

L'Empire Ouaddaï était centré sur le Tchad et la République centrafricaine à partir du XVIIe siècle.

Le peuple Tunjur a fondé le Royaume Ouaddaï à l'est de Bornou au XVIe siècle.

Au XVIIe siècle, il y avait une révolte du peuple de Maba qui avait établi une dynastie musulmane.

Au XVIIIe siècle, Ouaddaï était complètement indépendant de ses voisins de l'ouest de Bornou où le royaume de Kano était devenu le plus puissant des Royaumes Haoussa après une trêve instable avec le Royaume de Katsina au nord.

Les deux ont été absorbés dans le califat de Sokoto pendant le Jihad Peul de 1805 qui a menacé Bornou.

Empire Luba

Entre 1300 et 1400, Kongolo Mwamba du clan Balopwe a unifié les différents peuples Luba près du lac Kisale.

Il a fondé la dynastie Kongolo, qui a été plus tard évincé par Kalala Ilunga. Kalala a étendu le royaume à l'ouest du lac Kisale.

C'est un nouveau système politique centralisé des rois spirituels (balopwe) avec un conseil de la cour des directeurs principaux et des chefs de village.

Le balopwe était le communicateur direct des esprits ancestral choisi par eux.

Les États conquis furent intégrés dans le système et représentés au tribunal.

L'autorité du balopwe résidait dans son pouvoir spirituel plutôt que dans son autorité militaire.

L'armée était relativement petite. Les Luba étaient capables de contrôler le commerce régional et de recueillir des hommages pour la redistribution.

De nombreux états descendants furent formés avec des fondateurs prétendant descendre des Luba.

Le système politique de Luba s'est répandu dans l'Afrique Centrale, le Sud de l'Ouganda, le Rwanda, le Burundi, le Malawi, la Zambie, le Zimbabwe et l'ouest du Congo.

Deux empires principaux revendiquant la descente de Luba étaient l'empire Lunda et l'empire Maravi.

Le peuple Bemba du nord de la Zambie était descendu des migrants Luba qui sont arrivés en Zambie au cours du XVIIe siècle.

Empire Lunda

Dans les années 1450, un Luba de la famille royale Ilunga Tshibinda a épousé la reine Rweej et a uni tous les peuples Lunda.

Leur grand fils Yao Nawedji a étendu l'empire plus loin et est connu comme le premier empereur de Lunda, avec le titre Mouata-Yamvo, le Seigneur des Vipères.

Le système politique de Luba a été retenu, et les peuples conquis ont été intégrés dans le système.

Le mwata yamvo a assigné un kilolo (conseiller royal) et percepteur de taxes à chaque état conquis.

De nombreux états revendiquent la descente de Lunda. L'Imbangala de l'Angola intérieur a révendique la descente de Kingouri, frère de la Reine Rweej. Les Luvale et Lozi en Zambie revendiquent également la descendance de Kingouri.

Au XVIIe siècle, un chef Lunda appelé Mwata Kazembe a établi un royaume Lunda oriental dans la vallée de la rivière Lwapula.

L'expansion occidentale de Lunda a également vu des revendications de descendance par les Yaka et le Bapendé.

Le Lunda reliait l'Afrique centrale au commerce de la côte occidentale.

Le royaume de Lunda a pris fin au XIXe siècle quand il a été envahi par les Tchokwés armés avec des fusils.

Royaume de Kongo

Au XVe siècle apr. J.-C., le peuple Bakongo (ba étant le préfixe du pluriel) était unifié au sein du Royaume de Kongo sous un souverain appelé le Manikongo.

La capitale était M'banza-Kongo. Avec une organisation supérieure, ils ont été en mesure de conquérir leurs voisins.

Les Bakongo étaient des experts du métal, de la poterie et du tissage. Ils ont stimulé le commerce interrégional via un système contrôlé par le Manikongo.

Plus tard, le maïs et le manioc seraient introduits dans la région par le commerce avec les Portugais dans leurs ports de Luanda et de Benguela.

La consommation du maïs s'est traduite par une croissance de la population dans la région en remplacement du mil comme aliment de base principal.

Au XVIe siècle, le Manikongo contrôlait le commerce sur la côte ouest de l'océan Atlantique.

Chaque Manikongo a assigné à chaque territoire un mani-mpembe (gouverneur provincial).

En 1506, Afonso I (1506-1542), un chrétien, a pris le trône. La traite des esclaves augmenta avec les guerres de conquête d'Afonso.

De 1568 à 1569, les Yaka envahirent Kongo et forçant le manikongo à l'exil.

En 1574, Manikongo Álvaro I a été réintégré avec l'aide de mercenaires portugais.

Pendant la dernière partie des années 1660, les Portugais essayèrent de prendre le contrôle du Kongo.

Le Manikongo António I (1661-1665), avec une armée de plus de 5.000 hommes, fut détruit par l'armée portugaise à la bataille de Mbwila.

L'empire s'est dissous dans de petites sociétés politiques, luttant entre eux pour que les prisonniers de guerre se vendent en esclavage.

Le Kongo a obtenu ses captifs du royaume de Ndongo dans les guerres de conquête.

Le Ndongo était gouverné par le ngola.

Le Ndongo s'engageait également dans la traite des esclaves avec les Portugais, São Tomé étant un point de transit vers le Brésil.

Les Portugais dans la dernière partie du XVIe siècle ont essayé de prendre le contrôle de Ndongo mais ont été vaincus par le Mbundu.

Ndongo a connu le dépeuplement à cause de l'esclavage. L'esclavage a causé des ravages à l'intérieur, avec des États qui ont lancé des guerres de conquête pour les captifs.

L'Imbangala formait l'état de Cassange, une importante source d'esclaves pendant les XVIIe et XVIIIe siècles.

Corne de l'Afrique

Somalie

La naissance de l'islam en face de la mer Rouge de signifie que les marchands et marins somaliens vivant dans la péninsule arabe ont progressivement été sous l'influence de la nouvelle religion à travers leurs partenaires musulmans convertis.

Avec la migration des familles musulmanes du monde islamique vers la Somalie dans les premiers siècles de l'islam et la conversion pacifique de la population somalienne par les universitaires musulmans somaliens dans les siècles suivants, les anciennes cités-états se sont finalement transformées en Mogadiscio, Berbera, Zeilah, Barawa et Merka, qui faisaient partie de la civilisation berbère.

La ville de Mogadiscio est devenue connue comme la ville de l'Islam et a contrôlé le commerce d'or de l'Afrique de l'Est pendant plusieurs siècles.

Pendant cette période, des sultanats tels que l'empire Ajuran et le sultanat de Mogadiscio, des républiques comme Barawa, Merka et Hobyo et leurs ports respectifs ont organisé le commerce extérieur avec des navires venant d'Arabie, d'Inde et de Venise.

Vasco de Gama, qui est passé par Mogadiscio au XVe siècle, a noté que c'était une grande ville avec des maisons de quatre ou cinq étages, de grands palais en son centre et beaucoup de mosquées.

Au XVIe siècle, de nombreux navires du royaume de Cambaya, dans l'Inde moderne, se rendaient à Mogadiscio avec des étoffes et des épices, pour lesquels ils recevaient en retour de l'or, de la cire et de l'ivoire.

On peut également souligner l'abondance de la viande, du blé, de l'orge, des chevaux et des fruits sur les marchés côtiers, ce qui a généré une énorme richesse pour les commerçants.

Mogadiscio, le centre d'une industrie de tissage prospère connue sous le nom de Toob benadir, avec Merka et Barawa, a servi d'arrêt de transit pour les commerçants swahili de Mombasa et pour le commerce de l'or de Kilwa.

Les marchands juifs du détroit d'Ormuz apportèrent leurs textiles et leurs fruits indiens à la côte somalienne pour échanger contre du grain et du bois.

Les relations commerciales ont été établies avec Malacca au XVe siècle, avec le tissu et la porcelaine étant les marchandises principales du commerce.

Des girafes, des zèbres et des encens ont été exportés vers l'empire Ming de Chine, qui a établi des marchands somaliens comme des leaders du commerce entre l'Asie et l'Afrique et a influencé la langue somalienne avec des emprunts de la langue chinoise.

Les marchands hindous de Surat et les marchands sud-africains de Pate, cherchant à contourner à la fois le blocus portugais et l'ingérence omanaise, ont utilisé les ports somaliens de Merka et Barawa.

Éthiopie

La dynastie des Zagwés a régné sur de nombreuses parties de l'Éthiopie moderne et de l'Érythrée de 1137 à 1270.

Le nom de la dynastie provient de l'Agew du nord de l'Éthiopie.

À partir de 1270, et pendant beaucoup de siècles, la dynastie Salomonienne a gouverné l'Empire éthiopien.

Au début du XVe siècle, l'Éthiopie cherchait à établir un contact diplomatique avec les royaumes européens pour la première fois depuis l'époque aksoumite.

En 1428, l'empereur Yéshaq a envoyé deux émissaires à Alphonse V d'Aragon, qui a renvoyé des émissaires qui n'ont pas accompli le voyage.

Les premières relations continues avec un pays européen commencèrent en 1508 avec le Royaume de Portugal sous l'empereur Lebna Dengel, qui venait d'hériter du trône de son père. Cela s'est avéré être un développement important, car lorsque l'empire a été soumis aux attaques du général Adal et de l'imam Ahmad ibn Ibrahim al-Ghazi, le Portugal a aidé l'empereur éthiopien en envoyant des armes et quatre cents hommes qui ont aidé son fils Gelawdéwos à vaincre Ahmad et à rétablir son règne.

Lorsque l'empereur Susenyos s'est converti au catholicisme romain en 1624, des années de révolte et de troubles civils ont suivi entraînant des milliers de morts.

Les missionnaires jésuites avaient offensé la foi orthodoxe des Éthiopiens locaux et, le 25 juin 1632, le fils de Susneyos, l'empereur Fasiladas, a installé le christianisme orthodoxe éthiopien comme la religion d'État et expulsé les missionnaires jésuites et d'autres Européens.

Afrique du Nord

En 711 apr. J.-C., le califat omeyyade avait conquis toute l'Afrique du Nord.

Au Xe siècle, la majorité de la population de l'Afrique du Nord était musulmane.

Au IXe siècle de notre ère, l'unité engendrée par la conquête islamique de l'Afrique du Nord et l'expansion de la culture islamique ont pris fin.

Des conflits surgirent sur la question du successeur du prophète de l'Islam. Les Omeyyades avaient d'abord pris le contrôle du califat, avec leur capitale à Damas.

Plus tard, les Abbasides avaient pris le contrôle, en déplaçant la capitale à Bagdad.

Le peuple berbère, étant indépendant dans l'esprit et hostile à l'ingérence extérieure dans leurs affaires, a adopté l'islam chiite et kharijite, tous deux considérés comme peu orthodoxe et hostile à l'autorité du califat abbasside.

De nombreux royaumes kharijites naissent et meurent au cours des VIIIe et IXe siècles, affirmant leur indépendance de Bagdad.

Au début du Xe siècle, les groupes chiites de Syrie, qui revendiquaient la descendance de Fatimah, la fille du leader de l'Islam Mohammed, ont fondé la dynastie des fatimides au Maghreb.

En 950, ils avaient conquis tout le Maghreb et en 969 toute l'Égypte. Ils avaient immédiatement rompu avec Bagdad.

Dans une tentative d'amener une forme plus pure de l'Islam parmi les Berbères Sanhadja, Abdullah ibn Yassin a fondé le mouvement almoravide dans ce qui est aujourd'hui la Mauritanie et le Sahara occidental.

Les Berbères de Sanhadja, comme les Soninkés, pratiquaient une religion indigène aux côtés de l'Islam.

Abdullah ibn Yassin a trouvé des convertis chez les Sanhadja, qui étaient dominés par les Soninkés au sud et les Zénètes berbères du nord.

Dans les années 1040, tous les Lemtouna ont été converti au mouvement Almoravide.

Avec l'aide de Yahya ibn Oumar et de son frère Aboubacar Ibn Oumar, les fils du chef Lemtouna, les Almoravides ont créé un empire s'étendant du Sahel à la Méditerranée.

Après la mort d'Abdullah ibn Yassin et de Yahya ibn Oumar, Aboubacar a divisé l'empire en deux, entre lui et Youssef Ben Tachfine, parce qu'il était trop grand pour être gouverné par un seul individu.

Aboubacar a pris le sud pour continuer à combattre les Soninkés, et Yousef Ben Tachfine a pris le nord, en l'étendant jusqu'au sud de l'Espagne.

La mort d'Aboubacar en 1087 a causé une rupture de l'unité et augmenté la dissension militaire dans le sud.

Cela a provoqué une ré-expansion des Soninkés.

Les Almoravides sont responsables de la chute de l'empire du Ghana en 1076.

Durant les Xe et XIIIe siècles, il y eut un mouvement à grande échelle de bédouins hors de la péninsule arabique.

Vers 1050, un quart de million de nomades arabes d'Egypte sont arrivés au Maghreb.

Ceux qui ont suivi la côte nord sont appelés Hilaliens ou Banu Hilal. Ceux qui ont suivi le sud des montagnes de l'Atlas étaient les Banu Sulaym.

Ce mouvement répandit l'usage de la langue arabe et hâta le déclin de la langue berbère et l'arabisation de l'Afrique du Nord.

Plus tard, un groupe berbère arabisé, les Houaras, se dirigea vers le sud jusqu'à la Nubie via l'Egypte.

Dans les années 1140, Abd al-Mu'min a lancé le jihad sur les Almoravides, les accusant de décadence et de corruption. Il réunit les Berbères du nord contre les Almoravides et fonde l'empire Almohades.

Au cours de cette période, le Maghreb est devenu complètement islamisé et a vu la propagation de l'alphabétisation, le développement de l'algèbre, et l'utilisation du nombre zéro et des nombres décimaux.

Au XIIIe siècle, les États almohades se sont scindés en trois États rivaux.

Les états musulmans étaient en grande partie menacés dans la péninsule ibérique par les royaumes chrétiens de Castille, d'Aragon et du Portugal.

Vers 1415, le Portugal s'engagea dans la reconquête de l'Afrique du Nord en capturant Ceuta, et dans les siècles suivants l'Espagne et le Portugal ont acquis d'autres ports sur la côte nord-africaine.

En 1492, à la fin des guerres de Grenade, l'Espagne a défait les musulmans dans l'émirat de Grenade, mettant effectivement fin à huit siècles de domination musulmane dans le sud de l'Ibérie.

Le Portugal et l'Espagne ont pris les ports de Tanger, Alger, Tripoli et Tunis.

Cela les mit en concurrence directe avec l'Empire ottoman, qui reprit les ports en utilisant des corsaires turcs.

Les corsaires turcs utiliseraient les ports pour attaquer des navires chrétiens, une source majeure de butin pour les villes.

Techniquement, l'Afrique du Nord était sous le contrôle de l'Empire ottoman, mais seules les villes côtières étaient entièrement sous le contrôle d'Istanbul.

Tripoli a bénéficié du commerce avec Bornou. Les pachas de Tripoli ont échangé des chevaux, des armes à feu et des armures par l'intermédiaire de Fès avec les sultans de l'empire Bornou pour les esclaves.

Au XVIe siècle, une tribu arabe nomade qui revendiquait la descendance de la fille de Mohammed, les Saadiens, a conquis et uni le Maroc.

Ils empêchèrent l'Empire ottoman d'atteindre l'Atlantique et expulsèrent le Portugal de la côte occidentale du Maroc.

Ahmed al-Mansour amena l'État à la hauteur de sa gloire.

Il envahit Songhaï en 1591, pour contrôler le commerce de l'or, qui avait été détourné vers la côte occidentale de l'Afrique par les navires européens.

La prise du Maroc sur Songhay a diminué au XVIIe siècle. En 1603, après la mort d'Ahmed, le royaume se divisa en deux sultanats de Fès et de Marrakech.

Plus tard, il a été réuni par Moulay Rashid, fondateur de la dynastie Alaouite (1672-1727).

Son frère et successeur, Ismaïl Ben Chérif (1672-1727), a renforcé l'unité du pays en important des esclaves du Soudan pour construire l'armée.

Égypte

En 642, le califat Rachidun a conquis l'Egypte byzantine.

L'Égypte sous le califat fatimide était prospère.

Les barrages et les canaux ont été réparés, et la production de blé, d'orge, de lin et de coton a augmenté.

L'Égypte est devenue un important producteur de lin et de coton. Son commerce méditerranéen et de la mer Rouge a augmenté.

L'Égypte a également fabriqué une monnaie d'or appelée le dinar, qui a été utilisé pour le commerce international.

La majeure partie des recettes provient de l'imposition des impôts.

La perception des impôts fut louée à des seigneurs berbères, qui étaient des soldats qui avaient pris part à la conquête fatimide de 969.

Les seigneurs payèrent une part aux califes et conservèrent ce qui restait. Finalement, ils devinrent propriétaires fonciers et constituèrent une aristocratie territoriale puissante.

Pour remplir les rangs militaires, la cavalerie esclave turque et l'infanterie esclave soudanaise ont été employées.

Des hommes libres berbères ont également été recrutés. Dans les années 1150, les recettes fiscales provenant des fermes ont diminué.

Les soldats se révoltèrent et firent des ravages dans les campagnes, ralentissant le commerce et réduisant le pouvoir et l'autorité des califes fatimides.

Dans les années 1160, l'Égypte fatimide est menacée par les croisés européens.

À la suite de cette menace, un général kurde nommé Ṣalāḥ ad-Dīn Yūsuf ibn Ayyūb (Saladin), avec un petit groupe de soldats professionnels, est apparu comme un défenseur musulman exceptionnel.

Saladin a défait les croisés chrétiens aux frontières de l'Égypte et a repris Jérusalem en 1187.

A la mort d'Al-Adid, le dernier calife fatimide, en 1171, Saladin est devenu le souverain de l'Égypte, inaugurant la dynastie des Ayyoubides.

Sous son règne, l'Égypte retourna dans l'Islam sunnite, le Caire devint un centre important d'apprentissage islamique arabe, et les esclaves mamelouks étaient de plus en plus recrutés en Turquie et au Sud de la Russie pour le service militaire.

Le soutien à l'armée était lié à l'Iqtâ, une forme d'imposition foncière que les soldats contrôlaient en échange du service militaire.

Au fil du temps, les soldats esclaves mamelouks sont devenus une aristocratie terrienne très puissante, au point de se débarrasser de la dynastie des Ayyoubides en 1250 pour établir une dynastie mamelouke.

Les Mamelouks plus puissants étaient appelés Émir. Pendant 250 ans, les Mamelouks contrôlaient toute l'Egypte sous une dictature militaire.

L'Égypte a étendu ses territoires à la Syrie et la Palestine, a déjoué les croisés et a arrêté une invasion mongole en 1260 à la bataille d'Aïn Djalout.

Les Mamelouks ont été considérés les protecteurs de l'Islam, de Médine et de La Mecque.

Finalement, le système de l'Iqtâ, a décliné et s'est avéré peu fiable pour fournir une armée adéquate.

La production agricole a diminué, les barrages et les canaux sont tombés en ruine.

L'habileté et la technologie militaires n'ont pas suivi le rythme de la nouvelle technologie des armes de poing et des canons.

Avec l'ascension de l'Empire ottoman, l'Égypte a été facilement vaincu.

En 1517, à l'issue d'une guerre ottomane-mamelouke, l'Egypte devint une partie de l'Empire ottoman.

Le gouvernement d'Istanbul a relancé le système de l'Iqtâ. Le commerce a été rétabli sur la mer Rouge, mais ne pouvait pas complètement se connecter avec l'océan Indien en raison de la présence portugaise croissante.

Au cours des XVIIe et XVIIIe siècles, les Mamelouks reprennent le pouvoir.

Les principaux mamelouks étaient appelés Bey.

Les Pachas représentait le gouvernement d'Istanbul de nom seulement, fonctionnant indépendamment.

Au cours du XVIIIe siècle, des dynasties de Pachas se sont établies. Le gouvernement était faible et corrompu.

En 1798, Napoléon envahit l'Egypte. Les forces locales n'avaient guère la capacité de résister à la conquête française.

Cependant, l'empire britannique et l'Empire ottoman ont pu contrôler l'occupation française en 1801.

Ces événements ont marqué le début d'une rivalité anglo-française sur l'Egypte au XIXe siècle.

Soudan

Nubie chrétienne et islamique

Après que Ezana d'Aksoum ait saccagé Méroé, le peuple de Ballana a bougé vers le sud-ouest de la Nubie pour fonder trois royaumes: Makurie, Nobatie, et Alodie.

Ils gouverneraient pendant 200 ans.

Makurie était au-dessus de la troisième cataracte avec sa capitale à Dongola.

Nobatie était au nord avec sa capitale à Faras, et Alodia était au sud avec sa capitale à Soba.

Makurie finit par absorber Nobatie. Les peuples de la région se sont convertis au christianisme autour de 500 à 600.

L'église a d'abord commencé à écrire en copte, puis en grec, et finalement dans le Vieux Nubien, une langue nilo-saharienne.

L'église était liée à l'Église égyptienne copte.

En 641, l'Égypte fut conquise par le califat Rachidun.

Cela a efficacement bloqué la Nubie et Aksoum de la chrétienté méditerranéenne.

En 651-652, des Arabes d'Egypte envahirent la Nubie chrétienne. Les archers nubiens ont vaincu les envahisseurs.

Le traité Baqt (ou Bakt) a été établi, reconnaissant la Nubie chrétienne et réglementant le commerce.

Le traité a contrôlé les relations entre la Nubie chrétienne et l'Egypte islamique pendant près de six cents ans.

Au XIIIe siècle, la Nubie chrétienne a commencé son déclin. L'autorité de la monarchie a été diminuée par l'église et la noblesse.

Les tribus bédouines arabes ont commencé à s'infiltrer dans la Nubie, causant ainsi des ravages.

Les Fakirs (hommes saints) pratiquant du soufisme ont introduit l'Islam en Nubie.

En 1366, la Nubie était divisée en petits fiefs quand elle fut envahie par les Mamelouks.

Au XVe siècle, la Nubie était ouverte à l'immigration arabe. Les nomades arabes se mêlent à la population et introduisent la culture arabe et la langue arabe.

Au XVIe siècle, Makurie et Nobadie avaient été islamisées. Pendant le XVIe siècle, Abdallah Jamma a dirigé une confédération arabe qui a détruit Soba, capitale d'Alodie, le dernier centre chrétien en Nubie.

Plus tard, Alodie tomberait sous le sultanat Funj.

Pendant le XVe siècle, les bergers de Funj ont migré au nord d'Alodie et l'ont occupée.

Entre 1504 et 1505, le royaume s'élargit, atteignant son sommet et établissant sa capitale à Sannār sous Badi II Abu Daqn (1644-1680).

Vers la fin du XVIe siècle, le Funj s'est converti à l'Islam. Ils ont poussé leur empire vers l'ouest du Kordofan. Ils se sont étendus vers l'est, mais ont été arrêtés par l'Éthiopie.

Ils ont contrôlé la Nubie jusqu'à la 3ème Cataracte. L'économie dépendait des ennemis capturés pour remplir l'armée et des marchands qui passaient par Sannār.

Sous Badi IV (1724-1762), l'armée se retourna contre le roi, ne lui faisant plus confiance. En 1821, les Funj ont été conquis par Mohammad Ali (1805-1849), Pacha d'Egypte.

Afrique australe

Des colonies de peuples bantous agriculteurs et éleveurs étaient présents au sud du fleuve Limpopo vers le Ve siècle apr. J.-C., déplaçant et absorbant les orateurs autochtone Khoïsan.

Ils se sont déplacés lentement vers le sud, et les premières ferronneries dans la province moderne du KwaZulu-Natal sont estimées à environ 1050.

Le seul groupe du sud était le peuple Xhosa, qui avait atteint la province du Cap et dont la langue incorpore certains traits linguistiques du peuple Khoïsan.

Le Grand Zimbabwe et le Royaume de Mapungubwe

Le Royaume de Mapungubwe était un premier état d'Afrique australe, avec sa capitale à Mapungubwe. L'état a surgi au XIIe siècle. Sa richesse provient du contrôle du commerce de l'ivoire de la vallée du Limpopo, du cuivre des montagnes du Transvaal et de l'or du plateau situé entre le Limpopo et le Zambèze.

Vers le milieu du XIIIe siècle, Mapungubwe a été abandonné.

Après le déclin de Mapungubwe, le grand Zimbabwe s'est levé sur le plateau du Zimbabwe.

Le Grand Zimbabwe était la première ville d'Afrique australe et le centre d'un empire, consolidant des politiques Shonas.

Les bâtiments en pierres ont été hérités de Mapungubwe. Ces techniques de construction ont été améliorées dans le Grand Zimbabwe, représenté par le grand mur.

La technologie de maçonnerie en pierre a également été utilisée pour construire des plus petits composés dans la région.

Le grand Zimbabwe a prospéré en faisant le commerce avec les Swahili de Kilwa et Sofala.

La montée du Grand Zimbabwe est parallèle à la montée de Kilwa. Le grand Zimbabwe était une source majeure d'or. Sa cour royale vivait dans le luxe, portait du coton indien, s'enveloppait d'ornements en cuivre et en or et mangeait sur des assiettes Perses et Chinoises.

Autour des années 1420 et 1430, le Grand Zimbabwe était en déclin. La ville a été abandonnée en 1450.

Certains ont attribué le déclin à la montée de la ville commerciale Ingombe Ilede.

Un nouveau chapitre de l'histoire Shona s'ensuivit.

Nyatsimba Mutota, un roi Shona du nord s'est engagé dans la conquête. Lui et son fils Mutope ont conquis le plateau du Zimbabwe, traversant le

Mozambique jusqu'à la côte est, reliant l'empire au commerce côtier.

Ils ont appelé leur empire Mwana Mutapa, Monomotapa ou Royaume de Mutapa.

Monomotapa était fondé par la corruption portugaise mais ils n'ont pas construit de structures en pierre. Les Shonas du Nord n'avaient pas la tradition de construire les maisons en pierres.

Après la mort de Matope en 1480, l'empire se divisa en deux petits empires: Torwa au sud et Mutapa au nord.

La scission s'est produite sur la rivalité de deux seigneurs shona, Changa et Togwa.

Changa a pu acquérir le sud, en formant le royaume de Butua avec sa capitale à Khami.

L'empire de Mutapa a continué dans le nord sous la ligne de mwanamutapa.

Au cours du XVIe siècle, les Portugais ont pu établir des marchés permanents sur le fleuve Zambèze dans le but d'obtenir le contrôle politique et militaire de Mutapa.

En 1628, une bataille décisive leur permit de signer des traités qui accordaient des droits d'exportation minière aux Portugais.

Les Portugais ont réussi à détruire le système de gouvernement de mwanamutapa et miner le commerce.

En 1667, Mutapa était en ruine. Les chefs n'autorisaient plus le travail de l'or à cause de la des portugais.

Le royaume de Butua était gouverné par un Changamire, un titre dérivé du fondateur, Changa.

Plus tard, le royaume est devenu l'Empire Rozwi.

Les Portugais ont essayé de prendre le contrôle, mais ont été chassés hors de la région en 1693 par Changamire Dombo.

Le XVIIe siècle fut une période de paix et de prospérité.

L'Empire Rozwi est tombé en ruines dans les années 1830.

Namibie

En 1500, la plus grande partie de l'Afrique australe avait des États établis.

Dans le nord-ouest de la Namibie, les Ovambos se sont engagés dans l'agriculture et les Héréros dans l'élevage.

Comme le nombre de bétail augmentait, les Héréros s'étaient déplacés vers le sud de la Namibie pour trouver des nouvelles terres.

Un groupe apparenté, l'Ovambanderu, s'est étendu à Ghanzi dans le nord-ouest du Botswana.

Les Nama se sont déplacés vers le nord pour entrer en contact avec les Héréros; cela a ouvert la voie à de nombreux conflits entre les deux groupes.

Les états Lozi en expansion ont poussé les Mbukushus et les Subiyas vers l'Okavango et Chobe, dans le nord du Botswana.

Afrique du Sud et Botswana

Sotho-Tswana

Le développement des états de Sotho-Tswana au sud de la rivière Limpopo a commencé vers 1000.

Le pouvoir du chef reposait sur le bétail et son lien avec les ancêtres.

Le nord-ouest de la rivière Vaal a développé les premiers États du Tswana centrés sur des villes de milliers de personnes.

Lorsque des désaccords ou des rivalités surgirent, des groupes différents se sont déplacés pour former leurs propres États.

Les Nguni

Au sud-est des montagnes Drakensberg vivaient des peuples de langue nguni (Zoulou, Xhosa, Swazi et Ndebele). Ils se sont également engagés dans l'édification de l'État, avec de nouveaux États se développant à partir de la rivalité ; les désaccords et la pression démographique entraînant le mouvement politique vers de nouvelles régions.

Le principal catalyseur était la consolidation du Royaume Zoulou.

Il s'agissait de métallurgistes, de cultivateurs de mil et de bergers.

Le peuple Khoïsan et les Afrikaners

Le peuple Khoisan vivait dans la province du Cap, où les précipitations hivernales sont abondantes.

Les populations Khoïsan ont été absorbées plus tôt par les Bantous, comme les Sotho et les Nguni, mais l'expansion bantou s'est arrêtée à cause des précipitations hivernales.

Certaines langues bantoues ont incorporé la consonance de clic des langues du peuple Khoïsan.

Le peuple Khoïsan a échangé des produits avec ses voisins bantous, fournissant le bétail, les moutons, et des articles pour la chasse.

En contrepartie, leurs voisins bantous échangèrent du cuivre, du fer et du tabac.

Au XVIe siècle, la Compagnie hollandaise des Indes orientales a établi une station de ravitaillement sur la Baie de la Table pour le réapprovisionnement en eau et l'achat de viande provenant des Khoïkhoï.

Les Khoïkhoï recevaient du cuivre, du fer, du tabac et des perles en échange.

Afin de contrôler le prix de la viande et du stock et de rendre le service plus cohérent, les Hollandais établissent un centre permanent sur la Baie de la Table en 1652.

Ils cultivent des fruits et légumes frais et établissent un hôpital pour les marins malades.

Pour augmenter la production, les Hollandais ont décidé d'augmenter le nombre de fermes en encourageant les fermiers franco-brésiliens (agriculteurs) sur des terres cultivées initialement par des esclaves d'Afrique de l'Ouest.

La terre a été occupée par les pâturages des Khoïkhoï, déclenchant la première guerre Khoïkhoï-hollandaise en 1659.

Aucun vainqueur n'a été signalé, mais les Hollandais ont obtenu un «droit de conquête» pour contrôler le cap.

Lors d'une série de guerres opposant les groupes Khoïkhoï, les Boers vont prendre le contrôle toutes les terres et le bétail appartenant au peuple Khoïkhoï.

La deuxième guerre Khoïkhoï-hollandaise (1673-1677) a été basée sur le contrôle du bétail.

Au XVIIIe siècle, la colonie du Cap s'était développée, avec des esclaves venus de Madagascar, du Mozambique et d'Indonésie.

La colonie a également commencé à s'étendre vers le nord, mais la résistance des Khoïkhoï et la guérilla ont ralenti son expansion au cours du XVIIIe siècle.

Les boers qui ont commencé à pratiquer le pastoralisme étaient connus sous le nom de trekboers.

Afrique du Sud

Préhistoire

Tous les humains proviennent soit de l'Afrique du Sud ou de la Corne de l'Afrique.

Pendant le premier millénaire, les peuples Nilotiques parlant des langues Bantoues sont arrivés dans la région.

La Côte swahilie

Suite à la migration bantoue sur la partie côtière de l'Afrique du Sud-Est, une communauté mixte bantoue s'est développée grâce au contact avec des commerçants musulmans arabes et perses, ce qui a mené au développement des États mixtes Arabes, Perses et Swahili.

La culture swahilie qui a émergé de ces échanges témoigne de nombreuses influences arabes et islamiques qui n'existent pas dans la culture traditionnelle bantou. Avec sa communauté vocale originale centrée sur les parties côtières de la Tanzanie (en particulier Zanzibar) et du Kenya, la langue swahili bantou contient beaucoup de mots arabes.

Les premiers habitants bantous de la côte sud-est du Kenya et de la Tanzanie rencontrés par les colons arabes et perses ont été les colonies commerciales de Rhapta, Azanie et Menouthias.

Historiquement, on pouvait trouver le peuple swahili au nord du Kenya et au sud du fleuve Ruvuma au Mozambique.

Bien qu'ils soient autrefois considérés comme les descendants des colons perses, les Swahili anciens sont maintenant reconnus comme un peuple bantou qui avait entretenu d'importantes interactions avec les marchands musulmans à la fin du VIIe et au début du VIIIe siècle.

Les royaumes Swahili médiévaux sont connus pour avoir eu des ports importants et établi des itinéraires commerciaux réguliers avec le monde islamique et l'Asie.

Des ports tels que Mombasa, Zanzibar et Kilwa étaient connus des marins chinois et des géographes islamiques médiévaux.

Les principales exportations des swahili étaient l'ivoire, les esclaves et l'or. Ils ont échangé plusieurs marchandises avec l'Arabie, l'Inde, la Perse et la Chine.

Les Portugais arrivèrent en 1498.

Suivant une mission de contrôle économique et de christianisation sur la côte swahilie, les Portugais attaquèrent Kilwa en 1505 et d'autres villes plus tard.

En raison de la résistance swahilie, la tentative portugaise d'établir le contrôle commercial n'a jamais été couronnée de succès.

Vers la fin du XVIIe siècle, l'autorité portugaise sur la côte swahilie a commencé à diminuer. Avec l'aide des Arabes omanais, en 1729, la présence portugaise avait disparue.

La côte swahilie est finalement devenue une partie du Sultanat d'Oman.

Urewe

La culture Urewe s'est développée et répandue autour de la région du lac Victoria pendant l'âge du fer.

Les artefacts les plus anciens de la culture sont situés dans la région de Kagera en Tanzanie et s'étendent jusqu'à l'ouest de la région du Kivu en République démocratique du Congo, à l'est jusqu'aux provinces de Nyanza et dans l'ouest du Kenya et au nord de l'Ouganda, au Rwanda et au Burundi.

Les origines de la culture Urewe se trouve finalement dans l'expansion Bantoue.

Les premières civilisations de l'âge du fer en Afrique subsaharienne ont été parallèlement liées à l'expansion bantoue.

La culture Urewe peut correspondre à la sous-famille des langues bantoues, parlé par les descendants de la première vague des colonisateurs bantous en Afrique de l'Est.

C'est une civilisation entièrement développée sur la technique sophistiquée de la transformation du fer.

Madagascar et Merina

Madagascar a d'abord été colonisé par des Austronésiens de l'Asie du Sud-Est avant le VIe siècle et par les bantous de la partie continentale de l'Afrique de l'Est au VIe ou VIIe siècle, selon des données archéologiques et linguistiques.

Les Austronésiens ont introduit la culture du bananier et du riz, et les locuteurs bantous ont introduit le bétail et d'autres pratiques agricoles.

Vers l'an 1000, la présence du commerce arabe et indien a été renforcé dans le nord de Madagascar.

Au XIVe siècle, l'islam fut introduit sur l'île par des commerçants. Madagascar a fonctionné dans la période médiévale de l'Afrique orientale comme un port de contact pour les autres villes-état portuaires Swahili telles que Kilwa, Mombasa, et Zanzibar.

Plusieurs royaumes ont émergé après le XVe siècle: le royaume de Sakalava (XVIe siècle) sur la côte occidentale, le royaume de Tsitambala (XVIIe siècle) sur la côte est, et le royaume d'Imerina ou Merina (XVe siècle) dans les montagnes centrales.

Au XIXe siècle, Merina a contrôlé l'île entière.

En 1500, les Portugais furent les premiers Européens sur l'île, ravageant les colonies commerciales.

Les Anglais et plus tard les Français sont arrivés.

Durant la dernière partie du XVIIe siècle, Madagascar était un point de transit populaire pour les pirates.

Radama I (1810-1828) a invité des missionnaires chrétiens au début du XIXe siècle. La reine Ranavalona I (1828-61) a interdit la pratique du christianisme dans le royaume et environ 150.000 chrétiens ont péri.

Sous Radama II (1861-1863), Madagascar prit une orientation française, avec une grande concession commerciale accordée aux Français.

En 1895, lors de la seconde guerre franco-malgache, les Français envahirent Madagascar, reprenant Antsiranana (Diego Suarez) et faisant de Madagascar un protectorat.

États et empires de la région des Grands Lacs

Entre le XIVe et le XVe siècles, les grands royaumes et états du sud-est de l'Afrique tels que les royaumes du Buganda et du Karagwe ont émergé.

Empire du Kitara et Royaume de Bunyoro

En 1000, de nombreux États se sont installés sur le plateau des Grands Lacs de l'Afrique de l'Est.

L'élevage bovin, la culture céréalière et la culture de la banane ont été les piliers économiques de ces États.

Les terrassements de Ntusi et de Bigo sont représentatifs de l'un des premiers états, le royaume de Bunyoro qui faisait partie de l'empire du Kitara qui à son tour dominait la région des Grands Lacs.

Une élite ethnique Luo, du clan Bito, régnait sur les Nyoro bantous.

La société était essentiellement Nyoro dans sa culture, basée sur les preuves de la poterie, les modèles d'établissement, et la spécialisation économique.

Le clan Bito a revendiqué la descendance du clan Bacwezi, qui a régné sur l'Empire du Kitara.

La plupart des dirigeants fondateurs des divers organismes politiques de la région des lacs semblent avoir revendiqué la descendance des Bacwezi.

Royaume du Buganda

Le royaume du Buganda a été fondé par les Ganda ou Baganda autour du XIVe siècle de notre ère.

Les ancêtres des Ganda ont peut-être migré vers le nord-ouest du lac Victoria dès 1000 avant notre ère.

Buganda était gouverné par le kabaka avec un bataka composé des têtes de clan. Au fil du temps, les kabakas ont dilué l'autorité du bataka, avec Buganda devenant une monarchie centralisée.

Au XVIe siècle, Buganda était engagé dans la conquête territoriale avec son rival sérieux de Bunyoro.

Dans les années 1870, Buganda était un État riche.

Le kabaka a gouverné avec son Lukiko (conseil de ministre). Buganda avait une flotte navale de cent bateaux, chacun équipé de trente hommes.

Buganda a supplanté Bunyoro comme l'état le plus important dans la région.

Cependant, au début du XXe siècle, Buganda devint une province du protectorat britannique de l'Ouganda.

Rwanda

Au sud-est de Bunyoro, près du lac Kivu au bas de la rive ouest, le Royaume du Rwanda a été fondé, peut-être au XVIIe siècle.

Les pasteurs tutsi (Ba Tutsi) formaient l'élite, avec un roi appelé le mwami.

Les Hutu (Ba Hutu) étaient des agriculteurs bantous. Les deux groupes parlaient la même langue, mais il existait des normes sociales strictes contre le mariage et l'interaction.

Selon la tradition orale, le royaume du Rwanda a été fondé par Mwami Ruganzu II (Ruganzu Ndori) (1600-1624), avec sa capitale près de Kigali.

Il a fallu 200 ans pour atteindre un royaume véritablement centralisé sous Mwami Kigeli IV Rwabugiri (1840-1895).

La soumission des Hutu s'est avérée plus difficile pour les Tutsis. Le dernier chef tutsi a cédé le pouvoir au Mwami Mutara II Rwogera (1802-1853) en 1852, mais le dernier holdup hutu a été neutralisé dans les années 1920 par Mwami Yuhi V Musinga (1896-1931).

Royaume du Burundi

Au sud du Royaume du Rwanda se trouvait le Royaume du Burundi. Il a été fondé par le chef Tutsi Ntare Rushatsi (1657-1705).

Comme le Rwanda, le Burundi a été construit par des pasteurs Tutsi et les agriculteurs hutus après des conquêtes et des innovations politiques.

Sous Mwami Ntare Rugamba (1795-1852), le Burundi a poursuivi une politique expansionniste agressive, basée davantage sur la diplomatie que sur la force.

Royaume Maravi

Le Maravi a été dirigé par le Karonga (roi) et a relié l'Afrique centrale au commerce côtier de l'est, avec les Swahili de Kilwa.

Au XVIIe siècle, le royaume Maravi couvrait toute la zone entre le lac Malawi et l'embouchure du fleuve Zambèze.

Le karonga était Mzura, qui a beaucoup fait pour étendre l'empire.

Mzura a fait un pacte avec les Portugais pour établir une armée de 4.000 hommes dans le but d'attaquer les Shona.

En 1623, le royaume se retourne contre les Portugais et aide les Shona. En 1640, il souhaite la bienvenue aux Portugais pour le commerce.

Le royaume Maravi n'a pas longtemps survécu après la mort de Mzura.

Afrique de l'Ouest

Empire du Ghana

L'Empire du Ghana ou Royaume du Ghana a été fondé avant le IVe siècle de notre ère par le peuple Soninké et sous la direction de Dinga Cissé.

Le Ghana était habité par des citadins et des agriculteurs ruraux.

Les habitants urbains étaient les administrateurs de l'empire, qui étaient musulmans et le Ghana (roi), pratiquait la religion traditionnelle.

Il existait deux villes, l'une où vivaient les administrateurs musulmans et l'autre ville où vivaient les berbères-arabes, reliée par une route pavée de pierre à la résidence du roi.

Les habitants des campagnes vivaient dans des villages qui se regroupaient dans des systèmes plus larges et fidèles au Ghana.

Le Ghana était considéré comme divin, et son bien-être physique se reflétait sur toute la société.

Le Ghana s'est converti à l'islam vers 1050, après avoir conquis Aoudaghost.

L'Empire ghanéen est devenu riche en taxant le commerce trans-saharien qui liait Tiaret et Sijilmasa à Aoudaghost.

Le Ghana a contrôlé l'accès aux champs aurifères de Bambouk, au sud-est de Koumbi Saleh.

Un pourcentage de sel et d'or passant par son territoire a été imposé. L'empire n'était pas impliqué dans la production.

Au XIe siècle, le Ghana était en déclin. On pensait autrefois que le pillage de Koumbi Saleh par les Berbères sous la dynastie almoravide en 1076 en était la cause.

Ce n'est plus accepté. Plusieurs explications alternatives sont citées. Une raison importante est le transfert du commerce de l'or à l'est du fleuve Niger et de Teghazza, et le déclin économique du Ghana.

Une autre raison invoquée est l'instabilité politique par la rivalité entre les différentes formations héréditaires.

L'empire a pris fin en 1230, lorsque le royaume du Tekrour du Sénégal a repris la capitale du Ghana.

Empire du Mali

L'empire du Mali a commencé au XIIIe siècle après Jésus-Christ, quand un leader mandé du clan Keita, Soundiata Keita a battu Soumaoro Kanté, roi du Sosso ou Soninké du Sud, à la bataille de Kirina en 1235.

Soundiata Keita continua sa conquête des forêts fertiles et de la vallée du Niger, à l'est jusqu'à la courbe du Niger, au nord dans le Sahara, et à l'ouest jusqu'à l'Océan Atlantique, absorbant les restes de l'empire du Ghana.

Soundiata Keita a pris le titre de Mansa. Il établit la capitale de son empire à Niani.

Bien que le commerce du sel et de l'or continue à être important pour l'Empire malien, l'agriculture et le pastoralisme sont également essentiels.

La culture du sorgho, du millet et du riz était une fonction vitale. Sur les frontières septentrionales du Sahel, le pâturage des bovins, des moutons, des chèvres et des chameaux était une activité majeure.

La société mandingue s'est organisée autour du village et de la terre.

Un groupe de villages était appelé un kafou, gouverné par un Fama. Le Fama rendait directement compte au Mansa.

Une armée dévouée de cavalerie et d'infanterie d'élite commandée par la cour royale maintenait l'ordre.

La conversion à l'islam était un processus graduel. Le pouvoir du mansa dépendait du maintien des croyances traditionnelles.

Soundiata a d'abord maintenu l'Islam à distance.

Plus tard, les Mansas étaient devenus des musulmans, mais ils reconnaissaient encore les divinités traditionnelles et participaient des rituels et des festivals traditionnels qui étaient importants pour le Mandé.

L'Islam est devenu une religion importante sous le fils de Soundiata Oulé I (1225-1270).

Mansa Oulé a fait un pèlerinage à La Mecque et était reconnu dans le monde musulman.

Le tribunal était composé de lettrés musulmans et des comptables.

Le Mali a atteint le sommet de sa puissance et de son ampleur au XIVe siècle, lorsque le Mansa Moussa (1312-1337) a fait son fameux pèlerinage (hajj) à la Mecque avec 500 esclaves, chacun tenant une barre d'or d'une valeur de 500 mithqals.

Le hajj de Mansa Moussa a dévalué l'or en Egypte Mamelouke pendant une décennie. Moussa a marqué une grande impression dans les esprits du monde musulman et européen.

Il a invité des universitaires et des architectes à faire intégrer davantage le Mali dans le monde islamique.

Le Mali a ensuite connu une propagation de l'alphabétisation islamique.

En 1285, Sakoura, un esclave libéré, s'empara du trône.

Ce mansa chassa les Touarègues de Tombouctou pour l'établir comme un centre d'apprentissage de l'Islam et de commerce.

Le commerce du livre a augmenté, et la copie de livre est devenue une profession très respectable et profitable.

Tombouctou et Djenné sont devenus des centres importants du monde islamique.

Après le règne de Mansa Souleiman (1341-1360), le Mali a commencé son déclin.

La cavalerie des Mossis a perquisitionné la frontière méridionale exposée.

Les Touarègues ont harcelé la frontière nord afin de reprendre Tombouctou.

Les Peuls ont dominé l'autorité du Mali dans l'ouest en établissant Imamat du Fouta Toro, un successeur au royaume du Tekrour.

Les alliances Sérère-Wolof ont été rompues.

De 1545 à 1546, l'Empire Songhaï prit le contrôle de Niani. Après 1599, l'empire a perdu les champs aurifères de Bambouk et s'est désintégré dans de petites sociétés.

Empire Songhaï

Les peuples Songhaï parlant une langue nilo-saharienne, descendant des pêcheurs du Niger, ont établi leur capital à Kukiya au IXe siècle et à Gao au XIIe siècle.

Sonni Ali Ber, un Songhaï, a commencé sa conquête en capturant la ville Touarègue de Tombouctou en 1468.

Il étendit l'empire au nord, au plus profond du désert, poussa les Mossis plus au sud du Niger et s'étendit vers le sud-ouest jusqu'à Djenne.

Son armée était composée de cavalerie et d'une flotte de canots.

Sonni Ali n'était pas un musulman, et a été dépeint négativement par des berbères-arabes, en particulier pour attaquer les musulmans de Tombouctou.

Après sa mort en 1492, ses héritiers ont été déposés par le général Mohammed Touré, un musulman d'origine soninké.

Mohammad Touré (1493-1528) a fondé la dynastie des Askia, askia étant le titre du roi.

Il consolida les conquêtes de Sonni Ali.

L'islam a été utilisé pour étendre son autorité en déclarant le djihad sur les Mossis et en relançant le commerce transsaharien.

Il a établi Tombouctou comme un grand centre d'apprentissage islamique.

Mohammed Touré a développé l'empire en poussant les Touarègues vers le nord, capturant l'Aïr à l'est et capturant le Teghazza producteur de sel.

Il a amené les États Haoussa dans le réseau commercial Songhaï. Il a centralisé l'administration de l'empire en distribuant les territoires conquis aux administrateurs et familles fidèles.

Ils étaient chargés d'élever des milices locales.

La décentralisation a rendu Songhaï très stable, même pendant les différentes dynasties.

Askia Mohammed a été déposé par son fils en 1528.

Après une grande rivalité, le dernier fils de Mohammed Touré, Daoud (1529-1582) a pris le trône.

En 1591, le Maroc a envahi l'Empire songhaï sous Ahmed al-Mansour de la dynastie Saadi afin de contrôler les champs aurifères du Sahel.

A la bataille de Tondibi, l'armée songhaï fut battue. Les Marocains ont capturé Djenne, Gao et Tombouctou, mais n'ont pas pu sécuriser toute la région.

Askia Nouhou et l'armée Songhaï se sont regroupés à Dendi, au cœur du territoire de Songhaï, où une résistance guerrière a miné les ressources des Marocains qui dépendaient d'un ravitaillement constant.

Songhaï a été divisé en plusieurs états au cours du XVIIe siècle.

Le Maroc a fondé une entreprise non rentable. Le commerce de l'or avait été détourné par les Européens sur la côte.

La majeure partie du commerce transsaharien était détournée à Bornou vers l'est.

Des équipements coûteux achetés avec de l'or ont dû être envoyés à travers le Sahara.

Les Marocains qui sont restés mariés ont été appelés Arma ou Rouma.

Ils s'établirent à Tombouctou comme une zone militaire avec divers fiefs, indépendants du Maroc.

Au milieu du chaos, d'autres groupes commencèrent à s'affirmer, y compris les Peuls du Fouta-Toro qui ont occupé l'ouest.

L'Empire Bambara, l'un des états voisins de Songhaï, a saccagé la ville de Gao.

En 1737, les Touaregs massacrèrent les Arma Marocains.

Empire de Sokoto

Califat de Sokoto

Les Peuls ou Fulani étaient des peuples migrateurs. Ils ont quitté la Mauritanie et se sont installés dans le Fouta-Toro, le Fouta-Djalon, puis dans le reste de l'Afrique de l'Ouest.

Au XIVe siècle de notre ère, ils se sont convertis à l'islam. Au cours du XVIe siècle, ils se sont installés à Macina, dans le sud du Mali.

Pendant les années 1670, ils ont déclaré des jihads sur des non-musulmans.

Plusieurs états furent formés à partir de ces guerres djihadistes, dans le Fouta-Toro, le Fouta-Djalon, Macina et Oualia.

Le plus important de ces états était le califat de Sokoto ou l'Empire Fulani.

Dans la ville de Gobir, Usman dan Fodio (1754-1817) a accusé les Haoussas de pratiquer une version impure de l'Islam et d'être moralement corrompu.

En 1804, il a lancé un djihad sur une population inquiète au sujet des impôts élevés.

La fièvre du djihad a balayé le nord du Nigéria, avec un fort soutien des Peuls et Haoussas.

Usman a créé un empire qui comprenait des parties du nord du Nigeria, du Bénin et du Cameroun, Sokoto étant sa capitale.

Il s'est retiré pour enseigner et écrire et a remis l'empire à son fils Mohammed Bello.

Le califat de Sokoto a duré jusqu'en 1903 lorsque les Britanniques ont conquis le nord du Nigeria.

Les royaumes Akans et l'émergence de l'Empire Ashanti

Les Akan parlent une langue Kwa.

On pense que les locuteurs des langues kwa sont originaires d'Afrique de l'Est et du Centre avant de s'installer au Sahel.

Au XIIe siècle, le royaume d'Akan de Bonoman (Etat de Bono) a été établi.

Au cours du XIIIe siècle, lorsque les mines d'or du Mali moderne ont commencé à se tarir, Bonoman et d'autres États Akan ont commencé à prendre de l'importance en tant que principaux acteurs du commerce de l'or.

Il s'agissait de Bonoman et d'autres royaumes Akan comme le Denkyira, Akyem, Akwamu qui étaient les prédécesseurs de ce qui est devenu l'empire Ashanti.

Au XVIIe siècle, un peuple Akan a été identifié comme vivant dans un état appelé Kwaaman.

L'emplacement de l'état était au nord du lac Bosumtwi.

Les recettes de l'État provenaient principalement de l'or, des noix de kola et de la plantation des ignames. Ils ont construit des villes entre les rivières Pra et Ofin.

Ils ont formé des alliances pour la défense et ont rendu hommage au Denkyira, l'un des états Akan les plus puissants à ce moment-là avec Adansi et Akwamu.

Au cours du XVIe siècle, la société Ashanti a connu des changements soudains, notamment la croissance démographique due à la culture des plantes du Nouveau Monde comme le manioc et le maïs et une augmentation du commerce de l'or entre la côte et le nord.

Au XVIIe siècle, Osei Kofi Tutu I (1695-1717), avec l'aide d'Okomfo Anokye, a unifié le peuple Akan dans ce qui est devenu l'Empire Ashanti avec le tabouret d'or comme symbole de leur unité et esprit.

Osei Tutu s'est engagé dans une expansion territoriale massive. Il a construit une armée

Ashanti basée sur le peuple Akan d'Akwamu, introduisant une nouvelle organisation et transformant une milice disciplinée en une machine de combat efficace.

En 1701, les Ashanti conquièrent Denkyira, leur donnant accès au commerce côtier avec les Européens, en particulier les Néerlandais.

Opokou Waré I (1720-1745) s'est engagé dans une nouvelle expansion, ajoutant d'autres états du sud de l'Akan à l'empire grandissant.

Il s'est tourné vers le nord en ajoutant Techiman, Banda, Gyaaman, et Gonja.

Entre 1744 et 1745, Opokou attaque les Dagombas, en prenant le contrôle des importantes routes commerciales du centre du Niger.

Koussi Obodom (1750-1764) succéda à Opokou. Il a solidifié tous les territoires nouvellement occupés.

Osei Kwadwo (1777-1803) a imposé des réformes administratives qui ont permis à l'empire d'être gouverné efficacement et de poursuivre son expansion militaire.

Osei Kwame Panyin (1777-1803), Osei Toutou Kwame (1804-1807), et Osei Bonsu (1807-1824) ont poursuivi la consolidation et l'expansion territoriale.

L'empire Ashanti comprenait tout le Ghana actuel et une grande partie de la Côte d'Ivoire.

L'ashanti a hérité sa position de Kumasi grâce a un service civil d'hommes talentueux dans le commerce, la diplomatie, et l'armée.

Des hommes d'Arabie, du Soudan et d'Europe étaient employés dans la fonction publique, tous nommés par l'ashantehene (roi).

Dans la capitale et dans d'autres villes, l'ankobia ou la police spéciale a été utilisés comme la garde royale mais surtout pour combattre les rébellions.

La communication dans tout l'empire a été maintenue via un réseau de routes bien entretenues de la côte au Niger et reliant d'autres villes commerciales.

Pendant la plupart du XIXe siècle, l'empire Ashanti est resté puissant. Il a été plus tard détruit en 1900 par l'armement et l'organisation supérieurs britanniques après les quatre guerres Anglo-Ashanti.

Royaume de Dahomey

Le Royaume de Dahomey a été fondé au début du XVIIe siècle quand le peuple Adja du royaume d'Allada s'est déplacé vers le nord pour s'installer parmi les Fons.

Ils ont commencé à affirmer leur pouvoir quelques années plus tard en établissant le royaume de Dahomey, avec sa capitale à Abomey.

Le roi Aho Houegbadja (1645-1685) a organisé le Dahomey en un puissant état centralisé.

Tous les biens appartenant au roi ont été soumis à l'impôt. La primogéniture dans la royauté a été établie, neutralisant toute contribution des chefs de village.

Un «culte de la royauté» a été établi.

Un esclave était sacrifié annuellement pour honorer les ancêtres.

Pendant les années 1720, les États esclavagistes de Ouidah et Allada furent pris, donnant au Dahomey un accès direct à la côte des esclaves et au commerce avec les Européens.

Le roi Agadja (1708-1740) a tenté de mettre fin à la traite des esclaves en les gardant dans les plantations d'huile de palme, mais les bénéfices européens sur les esclaves et la dépendance du Dahomey à l'égard des armes à feu étaient trop importants.

En 1730, sous le roi Agadja, Dahomey fut conquis par le Royaume d'Oyo.

Les impôts sur les esclaves étaient pour la plupart payés en coquillages cowrie.

Au XIXe siècle, l'huile de palme était le principal produit commercial.

La France a conquis le Dahomey pendant la Seconde guerre du Dahomey (1892-1894) et y a établi un gouvernement colonial.

La plupart des troupes qui ont combattu contre le Dahomey étaient des africains indigènes.

Yoruba ou Yorouba

Traditionnellement, les Yorubas se considéraient comme les habitants d'un empire unifié, contrairement à la situation actuelle, où «Yoruba» est la désignation culturel et linguistique des locuteurs d'une langue de la famille Niger-Congo.

Le nom vient d'un mot Haoussa pour désigner le Royaume d'Oyo.

Le premier État yoruba était Ife qui a été fondée vers 1000 par Oduduwa.

Les fils d'Oduduwa seraient les fondateurs des différentes villes-états des Yorubas, et ses filles deviendraient les mères des divers peuples et rois yorubas.

Les cités-états de Yoruba étaient habituellement gouvernées par un Oba et un Iwarefa, un conseil des chefs qui conseillait l'Oba.

Au XVIIIe siècle, les villes-états yorubas formaient une confédération, avec le roi d'Ife comme chef et Ife comme capitale.

Avec le temps, les cités-états individuelles devinrent plus puissantes avec leurs Obas, en assumant des positions spirituelles plus puissantes et en diluant l'autorité du roi d'Ife.

Les rivalités deviennent ensuite très intenses parmi les cités-états.

L'Empire Oyo est né au XVIe siècle.

L'état Oyo avait été conquis en 1550 par le royaume des Nupe, qui était en possession d'une cavalerie, un avantage tactique important.

Le roi d'Oyo fut envoyé en exil. Après son retour, l'Alaafin Orompoto (vers 1560-1580) a construit une armée basée une puissante cavalerie.

Cela les rendait invincibles pendant les combats contre le nord et dans les forêts.

Vers la fin du XVIe siècle, le royaume d'Oyo avait occupé la région occidentale du Niger, les collines du Togo et le Dahomey.

Un conseil de gouvernement a servi l'empire, avec des divisions exécutives claires.

Chaque région acquise a été affectée à un administrateur local.

Oyo, en tant que royaume du Yoruba septentrional, servait d'intermédiaire dans le commerce nord-sud en reliant la forêt orientale de la Guinée avec le Soudan occidental et central, le Sahara et l'Afrique du Nord.

Les Yorubas fabriquaient des étoffes, des ferrures et des poteries échangées contre du sel, du cuir et surtout les chevaux du Soudan pour maintenir la cavalerie.

Le royaume d'Oyo est resté puissant pendant deux cents ans.

Il devint un protectorat de la Grande-Bretagne en 1888, avant de se fragmenter davantage en factions belligérantes.

L'état d'Oyo a cessé d'exister en 1896.

Delta du Niger et les Igbos

Le delta du Niger comprenait de nombreuses cités-états avec de nombreuses formes de gouvernement.

Ces cités-états étaient protégées par les cours d'eau et la végétation épaisse du delta.

La région a été transformée par le commerce au XVIIe siècle.

Les villes-états du delta étaient comparables à celles du peuple swahili en Afrique de l'Est.

Certains, comme Bonny, Kalabari et Warri, avaient des rois.

D'autres villes, comme Brass, étaient des républiques avec de petits sénats, et ceux de Cross River et de Calabar étaient gouvernées par des marchands de la société ekpe.

La société ekpe réglementait le commerce et établissait des règles pour les membres des systèmes politiques.

Les Igbos vivaient à l'est du delta, avec les Aniomas à l'ouest du fleuve Niger.

Le royaume de Nri s'est développé au IXe siècle, avec l'Eze Nri en tête.

C'était une entité politique composée de villages, et chaque village était autonome et indépendant avec son propre territoire et nom, chacun reconnu par ses voisins.

Les villages étaient démocratiques.

Les sépultures d'Igbo-Ukwu (vers 800) contenaient des artefacts fabriqués localement et des perles de verre en provenance d'Égypte ou d'Inde, ce qui est indicatif du commerce régional.

19ème siècle

Afrique australe

Dans les années 1850, des missionnaires et des commerçants britanniques et allemands avaient pénétré la Namibie actuelle.

Les Héréros et les Nama rivalisaient pour obtenir des armes et les munitions, fournissant du bétail, de l'ivoire et des plumes d'autruche aux Européens.

Les Allemands étaient plus fermement établis que les Britanniques dans la région.

En 1884, les Allemands transformèrent la région côtière du fleuve Orange au fleuve Kunene en un protectorat allemand.

Ils ont poursuivi une politique agressive d'expansion de la terre pour les colonies blanches. Ils exploitaient et encourageaient les rivalités entre les Nama et les Héréros.

Les Héréros ont conclu une alliance avec les Allemands, pensant qu'ils pourraient obtenir une force supérieure à celle des Nama.

Les Allemands construisirent une garnison dans la capitale des Héréros et commencèrent à allouer des terres Héréros à des colonies blanches, y compris les meilleurs pâturages du plateau central tout en appliquant le travail forcé.

Les Héréros et les Ovambandérous se sont rebellés, mais la rébellion a été écrasée et les chefs ont été exécutés.

Entre 1896 et 1897, la peste bovine a paralysé l'épine dorsale économique de l'économie Héréro-Nama et ralenti l'expansion des blancs.

Les Allemands ont poursuivi la politique de faire de la Namibie une colonie blanche en s'emparant de terres et de bétail et même en essayant d'exporter la main-d'œuvre Héréro vers l'Afrique du Sud.

En 1904, les Héréros se sont rebellés.

Le général allemand Lothar Von Trotha a mis en œuvre une politique d'extermination à la bataille de Waterberg, qui a conduit le peuple Héréro à l'ouest du désert du Kalahari.

À la fin de 1905, seulement 16 000 Héréros étaient vivants, sur une population de 80 000 personnes.

La résistance des Nama a été écrasée en 1907.

Tous les bœufs et terres des Nama-Héréro ont été confisqués et les produits importés des Ovambos.

Royaume Nguni

Le Mfecane (l'écrasement) fut une période de guerres et de migrations en Afrique australe lancé par les royaumes Nguni du nord de Mthethwa, de Ndwandwe, et de Swaziland.

Quand Dingiswayo de Mthethwa est mort, Chaka du peuple Zoulou a repris le pouvoir et établi le royaume Zoulou, affirmant son autorité sur le Ndwandwe et le Swaziland.

La dispersion des peuples Ndwandwe et Swazi a causé la propagation du Mfecane.

Pendant les années 1820, Chaka a étendu l'empire tout au long des contreforts de Drakensberg, avec des impôts payés au sud du fleuves Tugela.

Il remplaçait les chefs des systèmes politiques conquis par des indunas, responsables envers lui.

Il a introduit une force militaire centralisée et disciplinée, avec la fabrication de nouvelles armes.

En 1828, Chaka a été assassiné par son demi-frère Dingane, qui n'avait pas le génie militaire et les compétences de leadership de Chaka.

Les Voortrekkers ont essayé d'occuper la terre Zoulou en 1838.

Dans les premiers mois ils ont été vaincus, mais les survivants se sont regroupés à la rivière Ncome et ont facilement vaincu les Zoulous.

Cependant, les Voortrekkers n'osèrent pas coloniser la terre des zoulou.

Dingane a été tué en 1840 pendant une guerre civile. Son frère Mpande a repris le contrôle et renforcé les territoires zoulous au nord.

En 1879, le Royaume Zoulou a été envahi par la Grande-Bretagne dans une quête pour le contrôle de toute l'Afrique du Sud.

Le Royaume zoulou a été victorieux à la bataille d'Isandhlwana mais a été défait à la bataille d'Ulundi.

L'un des états majeurs à émerger du Mfecane était le Royaume Sotho fondé à Thaba Bosiu par Moshoeshoe I vers 1821.

C'était une confédération des différentes politiques qui ont accepté l'autorité absolue de Moshoeshoe.

Pendant les années 1830, le royaume invitait les missionnaires comme un moyen stratégique d'acquérir des armes et des chevaux.

L'État Libre d'Orange a lentement diminué le pouvoir du royaume, mais n'a jamais complètement vaincu.

En 1868, Moshoeshoe a demandé que le royaume de Sotho soit annexé par la Grande-Bretagne, pour sauver le reste de son peuple. Il devint le protectorat britannique du Basutoland.

Voortrekkers

Au XIXe siècle, la plupart des territoires du peuple Khoïkhoï étaient sous le contrôle des Boers.

Les Khoïkhoï avait perdu leur indépendance économique et politique et avait été absorbé dans la société de Boer.

Les Boers parlaient afrikaans, une langue ou un dialecte dérivé du néerlandais, et n'étaient plus appelés Boers mais Afrikaners.

Quelques Khoïkhoï ont été utilisés comme commandos dans des raids contre d'autres Khoïkhoï et plus tard les Xhosa.

Une population mixte de Khoïkhoï, d'esclaves et d'Européens, appelée les Cap-Verts, est également apparue.

Les Khoïkhoï qui vivaient loin sur la frontière comprenait les Griquas et les Oorlams.

En 1795, les Britanniques prennent possession de la colonie des Pays-Bas.

Dans les années 1830, les Boers ont entrepris un voyage d'expansion, à l'est de la Great Fish River dans le Zuurveld.

On les appelait Voortrekkers. Ils ont fondé les républiques du Transvaal et de l'Etat Libre d'Orange, principalement dans les zones où la population avait diminué à cause du Mfecane.

Contrairement au peuple Khoïsan, les Boers ne conquièrent pas les états bantous à cause de la densité de la population et de l'unité.

En outre, ils ont commencé à s'armer avec des armes acquises par le commerce avec le Cap.

Dans certains cas, comme dans les guerres Xhosa-Boers, les Boers ont été chassés des terres.

Il a fallu une force militaire impériale dédiée pour soumettre les états bantous.

En 1901, les républiques Boers ont été défait par la Grande-Bretagne lors de la Seconde guerre des Boers.

La défaite a diminué les ambitions de beaucoup d'Afrikaners.

Les Britanniques ont placé tout le pouvoir - législatif, exécutif, administratif aux mains des anglaises et de certains afrikaners.

Le commerce européen, l'exploration et la conquête de l'Afrique

Entre 1878 et 1898, les États européens ont partagé et conquis la plus grande partie de l'Afrique.

Pendant 400 ans, les nations européennes avaient principalement limité leur participation aux stations commerciales sur la côte africaine.

Peu de gens osèrent s'aventurer à l'intérieur; ceux qui, comme les Portugais, rencontraient souvent des défaites et devaient se retirer sur la côte.

Plusieurs innovations technologiques ont contribué à surmonter cette tendance de 400 ans.

L'un était le développement de la mitrailleuse auto-alimentée, qui étaient plus faciles et plus rapides à charger que des fusils simples.

L'artillerie était de plus en plus utilisée. En 1885, Hiram S. Maxim développe la mitrailleuse Maxim.

Les États européens refusaient de vendre ces armes aux dirigeants africains.

Des maladies telles que la fièvre jaune, la maladie du sommeil et la lèpre ont fait de l'Afrique un endroit très inhospitalier pour les Européens.

La maladie la plus meurtrière dans toute l'Afrique tropicale était le paludisme. En 1854, la découverte de la quinine et d'autres innovations médicales a contribué à rendre possible la conquête et la colonisation de l'Afrique.

Des matières premières étaient nécessaires pour les usines européennes. L'Europe au début du XIXe siècle subissait sa révolution industrielle.

Les rivalités et le prestige nationalistes étaient en jeu. Acquérir des colonies africaines montrerait aux rivaux qu'une nation était puissante et significative. Ces facteurs ont abouti au partage de l'Afrique.

Les connaissances sur l'Afrique ont augmenté. De nombreux explorateurs européens ont commencé à explorer le continent.

James Bruce a traversé l'Ethiopie et a localisé la source du Nil Bleu.

Richard Francis Burton a été le premier Européen au lac Tanganyika, Samuel White Baker a exploré le Nil supérieur et John Hanning Speke a localisé une source du Nil au lac Victoria.

Parmi les autres explorateurs européens importants, mentionnons Heinrich Barth, Henry Morton Stanley, António Francisco da Silva Porto, Alexandre de Serpa Pinto, René Caillé, Friedrich Gerhard Rohlfs, Gustav Nachtigal et George Schweinfurth.

Le plus célèbre des explorateurs était David Livingstone, qui a exploré l'Afrique australe et l'Atlantique jusqu'à l'océan Indien à Quelimane.

Les explorateurs européens ont fait appel à des guides et des domestiques africains et ont établi des itinéraires commerciaux à longue distance.

Des missionnaires qui tentaient de répandre le christianisme ont également accru la connaissance européenne de l'Afrique.

Entre 1884 et 1885, les nations européennes se sont rencontrées à la Conférence de Berlin pour discuter le partage de l'Afrique.

Il a été convenu que les revendications européennes sur des parties de l'Afrique ne seraient reconnues que si les puissances prouvaient une occupation efficace et légale.

Dans une série de traités de 1890 à 1891, les frontières coloniales ont complètement été limitées. Toute l'Afrique subsaharienne a été revendiquée par les puissances européennes, à l'exception de l'Ethiopie et du Liberia.

Les puissances européennes ont mis en place une variété d'administrations en Afrique, reflétant différentes ambitions et degrés de pouvoir.

Dans certaines régions, comme dans certaines parties de l'Afrique occidentale britannique, le contrôle colonial était ténu et destiné à une extraction économique simple, à un pouvoir stratégique ou à un plan de développement à long terme.

Dans d'autres domaines, les Européens ont été encouragés à s'installer, créant des États de colonisation dans lesquels une minorité européenne dominait.

Les colonies de colons britanniques comprenaient l'Afrique orientale britannique (maintenant le Kenya), la Rhodésie du Nord et du Sud, (Zambie et Zimbabwe, respectivement) et l'Afrique du Sud, qui avait déjà une population importante de colons européens, les Boers.

La France envisageait l'occupation de l'Algérie et son intégration dans l'État français.

Dans la plupart des régions, les administrations coloniales ne disposaient pas de la main-d'oeuvre ou des ressources nécessaires pour administrer leur territoire et devaient compter sur les structures locales.

Diverses factions et groupes au sein des sociétés ont exploité cette exigence européenne pour leurs propres fins, en essayant d'obtenir des positions de pouvoir au sein de leurs propres communautés en coopérant avec les Européens.

Afin de légitimer leurs revendications de pouvoir aux yeux des administrateurs coloniaux et de leur propre peuple, les élites autochtones inventaient des revendications «traditionnelles» ou des cérémonies.

En conséquence, de nombreuses sociétés ont été abandonnées.

À la suite du partage de l'Afrique, la suppression de l'esclavage et de la traite des esclaves a été un des axes prioritaires de la plupart des régimes coloniaux.

À la fin de la période coloniale, ils ont tous réussi, bien que l'esclavage soit encore très actif en Afrique.

La France contre l'Angleterre : la crise de Fachoda de 1898

Dans le cadre du partage de l'Afrique, la France avait pour objectif d'établir un axe continu ouest-est sur le continent, contrairement à l'axe nord-sud britannique.

Les tensions entre la Grande-Bretagne et la France ont atteint leur paroxysme en 1898.

À plusieurs endroits, la guerre était possible, mais elle ne s'est jamais produite.

L'incident le plus grave a été l'Incident de Fachoda de 1898. Les troupes françaises ont tenté de revendiquer une zone dans le Sud Soudan et une force britannique beaucoup plus puissante prétendait agir dans l'intérêt du Khédive d'Égypte est arrivée pour les affronter.

Sous une forte pression, les Français se retirèrent pour faciliter le contrôle britannique sur la zone.

Le statu quo a été reconnu par un accord entre les deux Etats reconnaissant le contrôle britannique sur l'Egypte, alors que la France est devenue la puissance dominante au Maroc.

La France a subi une défaite humiliante dans l'ensemble.

20ème siècle

Dans les années 1880, les puissances européennes avaient divisé presque toute l'Afrique (seules l'Éthiopie et le Libéria étaient indépendants).

Ils ont régné jusqu'à après la Seconde Guerre mondiale quand les forces du nationalisme se sont développées.

Dans les années 1950 et 1960, les exploitations coloniales sont devenues des États indépendants.

Le processus était généralement pacifique, mais il y avait plusieurs longues et sanglantes guerres civiles, comme en Algérie, au Kenya et ailleurs.

Partout en Afrique, la puissante force du nationalisme s'appuie sur les compétences organisationnelles que les indigènes ont apprises dans les armées britanniques et françaises et dans les autres armées pendant les guerres mondiales.

Cela a conduit à des organisations qui n'étaient ni contrôlées, ni approuvées, par les puissances coloniales et les structures de pouvoir locales traditionnelles.

Les organisations nationalistes ont commencé à contester les structures traditionnelles et les nouvelles structures coloniales.

Les dirigeants des mouvements nationalistes prenaient le contrôle lorsque les autorités européennes sortaient ; beaucoup ont régné pendant des décennies ou jusqu'à ce qu'ils soient morts.

Ces structures comprenaient des organisations politiques, éducatives, religieuses et d'autres organisations sociales.

Après la Première Guerre mondiale, les anciennes colonies allemandes furent reprises par la France, la Belgique et l'Empire britannique.

L'Ethiopie, la dernière nation africaine indépendante, a été conquise par l'Italie qui l'a gouvernée de 1935 à 1941.

Deuxième moitié du 20ème siècle : décolonisation

La décolonisation de l'Afrique a commencé avec la Libye en 1951, bien que le Libéria, l'Afrique du Sud, l'Égypte et l'Éthiopie soient déjà indépendants.

Beaucoup de pays ont suivi dans les années 1950 et 1960, avec un pic en 1960, qui a vu 17 nations africaines déclarer l'indépendance, y compris une grande partie de l'Afrique de l'Ouest française.

La plupart des pays restants ont acquis leur indépendance tout au long des années 60, bien que certains colonisateurs (le Portugal en particulier) hésitent à renoncer à la souveraineté, entraînant des guerres d'indépendance qui ont duré une décennie ou plus.

Les derniers pays africains à obtenir l'indépendance officielle sont la Guinée-Bissau (1974), le Mozambique (1975) et l'Angola (1975) du Portugal ; Djibouti de la France en 1977; le Zimbabwe du Royaume-Uni en 1980; et la

Namibie de l'Afrique du Sud en 1990. L'Érythrée s'est ensuite séparée de l'Ethiopie en 1993.

Afrique de l'Est

L'Afrique de l'Est est la région est du continent africain, définie de façon variable par la géographie ou la géopolitique.

Dans le système des régions géographiques de la, 20 territoires constituent l'Afrique de l'Est: la Tanzanie, le Kenya, l'Ouganda, le Rwanda, le Burundi et le Sud-Soudan dans le centre-est de l'Afrique, sont membres de la Communauté de l'Afrique de l'Est (CAE). Les cinq premiers sont également inclus dans la région des Grands Lacs africains.
Le Burundi et le Rwanda sont parfois considérés comme faisant partie de l'Afrique centrale.

Djibouti, l'Érythrée, l'Ethiopie et la Somalie sont collectivement connues sous le nom de Corne de l'Afrique.

Les Comores, Maurice et Seychelles sont des petits pays de l'océan Indien.

Réunion et Mayotte sont des territoires français d'outre-mer également dans l'océan Indien.

Le Mozambique et Madagascar sont souvent considérés comme des pays de l'Afrique australe.

Madagascar a des liens culturels étroits avec l'Asie du Sud-Est et les îles de l'océan Indien.

Le Malawi, la Zambie et le Zimbabwe, souvent inclus dans l'Afrique australe ont autrefois constitué la Fédération d'Afrique centrale.

L'Égypte, le Soudan et le Soudan du Sud (nouvellement indépendants du Soudan) sont collectivement situés dans la vallée du Nil.

Situés dans la partie nord-est du continent, l'Égypte et les Soudans sont souvent inclus dans l'Afrique du Nord.

En raison des territoires coloniaux britannique de l'Afrique orientale et de l'Afrique de l'Est allemande, le terme Afrique de l'Est est souvent utilisé (en particulier en anglais) pour désigner spécifiquement la région comprenant maintenant les trois pays du Kenya, de la Tanzanie et de l'Ouganda.

Cependant, terme avait généralement un contexte plus large et strictement géographique et comprenait donc typiquement Djibouti, l'Érythrée, l'Ethiopie et la Somalie.

Géographie et climat

Certaines parties de l'Afrique de l'Est ont été réputées pour leurs concentrations d'animaux sauvages comme les éléphants, les buffles, les lions, les léopards et les rhinocéros, bien que les populations d'éléphants aient diminué ces derniers temps.

La géographie de l'Afrique de l'Est est souvent étonnante et pittoresque. Formé par les forces tectoniques mondiales qui ont créé le Rift de l'Afrique de l'Est, l'Afrique de l'Est est le site du Mont Kilimandjaro et du Mont Kenya, les deux plus hauts sommets d'Afrique.

Elle comprend également le deuxième plus grand lac d'eau douce du monde, le lac Victoria, et le deuxième lac le plus profond du monde, le lac Tanganyika.

Le climat de l'Afrique de l'Est est plutôt atypique des régions équatoriales. En raison de la combinaison de l'altitude généralement élevée de la région et des vents de mousson occidentaux créés par les montagnes du Rwenzori et des hautes terres éthiopiennes, l'Afrique de l'Est est étonnamment fraîche et sèche.

En effet, sur la côte Somalienne, de nombreuses années peuvent passer sans aucune pluie.

Les précipitations annuelles augmentent généralement vers le sud autour de 400 millimètres à Mogadiscio et 1.200 millimètres à Mombasa sur la côte.

De façon inhabituelle, la majeure partie de la pluie tombe en deux saisons humides distinctes, l'une centrée sur avril et l'autre en octobre ou novembre.

Cela est généralement attribué au passage de la zone de convergence intertropicale dans la région au cours de ces mois.

À l'ouest des hauts plateaux Éthiopiens et du Rwenzori, les précipitations sont plus typiquement tropicales, avec des pluies tout au long de l'année et une seule saison humide dans la plupart des hautes terres éthiopiennes de juin à septembre.

Les précipitations annuelles varient de plus de 1 600 millimètres sur les pentes occidentales, de 1 250 millimètres à Addis-Abeba et de 550 millimètres à Asmara.

Dans les hautes montagnes, les précipitations peuvent atteindre plus de 2 500 millimètres.

Les pluies en Afrique de l'Est sont influencées par les phénomènes d'El Niño, qui tendent à augmenter les précipitations sauf dans les parties septentrionale et occidentale des hautes terres éthiopiennes et érythréennes, où elles produisent la sécheresse et les inondations du Nil.

Les températures en Afrique de l'Est, à l'exception de la ceinture côtière chaude et généralement humide, sont modérées, avec des températures maximales d'environ 25 ° C et minimales de 15 ° C.

La géographie unique et l'aptitude apparente à l'agriculture ont fait de l'Afrique de l'Est une cible pour l'exploration, l'exploitation et la colonisation européennes au XIXe siècle. Aujourd'hui, le tourisme est une partie importante des économies du Kenya, de la Tanzanie, des Seychelles et de l'Ouganda.

Origine africaine et berceau de l'humanité

Selon les archéologues, l'Afrique de l'Est est la zone où les humains modernes ont apparu pour la première fois.

Il existe des théories différentes sur la question de savoir s'il y a eu un seul exode ou plusieurs.

Un nombre croissant de chercheurs soupçonnent que l'Afrique du Nord était la zone originale des humains modernes qui ont ensuite traversé tout le continent.

La principale hypothèse sur l'origine des humains modernes confirme qu'une vague d'homo sapiens peuplaient l'Afrique.

Certains des premiers restes squelettiques ont été trouvés dans la région, y compris les fossiles découverts en Éthiopie, au Kenya et en Tanzanie.

La partie sud de l'Afrique de l'Est a été occupée jusqu'à récemment par les chasseurs-cueilleurs Khoisan, alors que dans les montagnes éthiopiennes ont permis le début de l'agriculture autour de 7 000 av. J.-C.

Les barrières des plaines et les maladies véhiculées par la mouche tsé-tsé empêchaient cependant l'expansion de l'agriculture vers le sud.

Ce n'est que récemment que l'agriculture s'est propagée dans les régions plus humides au sud de l'équateur, grâce à la propagation du bétail, des moutons et des cultures comme le mil.

Afrique orientale portugaise

Les Portugais ont été les premiers Européens à explorer la région du Kenya, de la Tanzanie et du Mozambique avec le voyage de Vasco de Gama à Mombasa en 1498.

Le voyage de De Gama a réussi à atteindre l'Inde, ce qui a permis aux Portugais de commercer directement par la mer. Cela a mis à l'épreuve les anciens réseaux commerciaux terrestres et maritimes, comme les routes commerciales d'épices du golfe Persique, de la mer Rouge et les caravanes de chameaux pour atteindre la Méditerranée orientale.

La République de Venise avait pris le contrôle d'une grande partie des routes commerciales entre l'Europe et l'Asie.

Après que les routes terrestres traditionnelles vers l'Inde aient été fermées par les Turcs ottomans, le Portugal espérait utiliser la route maritime initiée par Gama pour rompre le monopole commercial autrefois vénitien.

La domination portugaise dans la région des Grands Lacs africains se concentre principalement sur une bande côtière centrée à Mombasa.

La présence portugaise dans la région a officiellement commencé après 1505, lorsque les navires amiraux sous le commandement de Francisco de Almeida ont conquis Kilwa, une île située dans ce qui est maintenant le sud de la Tanzanie.

Une résistance beaucoup plus vigoureuse fut organisée par les Maures de Mombasa. Cependant, la ville a été prise et détruite.

Des attaques ont suivi sur Ungwana, situé à l'embouchure du fleuve Tana, Barawa, Angoche, Pate et d'autres villes côtières jusqu'à ce que l'océan Indien occidental soit un refuge pour les intérêts commerciaux portugais.

Dans d'autres endroits, comme l'île d'Anjidiv, près de Goa et Cannanore, les Portugais construisaient des forts, et adoptaient des mesures pour assurer la suprématie portugaise.

L'objectif principal du Portugal sur la côte Swahili était de prendre le contrôle du commerce des épices des Arabes.

À ce stade, la présence portugaise en Afrique de l'Est a servi à contrôler le commerce dans l'océan Indien et à sécuriser les routes maritimes reliant l'Europe à l'Asie.

Les navires de la marine portugaise ont perturbé le commerce des ennemis du Portugal dans l'océan Indien et ont pu exiger des tarifs élevés pour les marchandises en raison de leur contrôle stratégique des ports et des voies maritimes.

La construction du fort Jésus à Mombasa en 1593 visait à solidifier l'hégémonie portugaise dans la région, mais leur influence a été confrontée aux incursions britanniques, néerlandaises et omanaises dans la région des Grands Lacs au cours du XVIIe siècle.

Les Arabes d'Oman ont directement défié l'influence portugaise dans la région des Grands Lacs.

Ils assiégèrent les forteresses portugaises, attaquèrent ouvertement les navires de guerre et expulsèrent les Portugais des côtes kenyanes et tanzaniennes en 1730.

L'Empire portugais avait déjà perdu son intérêt pour le commerce des épices en raison de la baisse de rentabilité de cette activité.

Les Arabes ont récupéré la majeure partie du commerce de l'océan Indien, obligeant les Portugais à reculer vers le sud où ils sont restés en Afrique de l'Est portugaise (Mozambique) en tant que seuls dirigeants jusqu'à l'indépendance du Mozambique en 1975.

La colonisation arabe omanaise des côtes kenyanes et tanzaniennes a favorisé le développement des villes indépendantes sous un contrôle étranger plus étroit que ce qui a été vécu pendant la période portugaise.

Comme leurs prédécesseurs, les Arabes omanais étaient seulement capables de contrôler les zones côtières, pas l'intérieur.

Cependant, la création de plantations de clou de girofle, l'intensification de la traite des esclaves et la relocalisation de la capitale omanaise à Zanzibar en 1839 par Saïd ben Sultan al-Busaid ont eu pour effet la consolidation de la puissance omanaise dans la région.

Les arabes ont continué leur politique jusqu'à ce que les intérêts britanniques visant en particulier à mettre fin au commerce des esclaves et la création d'un nouveau système de travail ont commencé à exercer une pression sur la domination omanaise.

À la fin du XIXe siècle, la traite des esclaves en pleine mer avait été complètement interdite par les Britanniques.

La présence omanaise au Kenya a été menacée par la saisie allemande et britannique de ports clés et la création d'alliances commerciales cruciales avec des dirigeants locaux influents dans les années 1880.

La présence omanaise a été éliminée par les Allemands et les Britanniques.

Période de l'impérialisme européen

Entre les XIXe et XXe siècles, l'Afrique de l'Est est devenue un théâtre de compétition entre les grandes nations européennes impérialistes de l'époque.

Les trois couleurs principales des pays africains étaient le beige, le rouge et le bleu. Le rouge représentait l'anglais, le bleu représentait le français et le beige représentait l'Allemagne pendant la période du colonialisme.

Pendant le partage de l'Afrique, presque tous les pays de la région sont devenus une partie d'un empire colonial européen.

Le Portugal avait d'abord établi une forte présence dans le sud du Mozambique et dans l'océan Indien depuis le XVe siècle, alors que pendant cette période, leurs possessions augmentaient, y compris des parties de l'actuel Mozambique, jusqu'à Mombasa dans le Kenya actuel.

Au lac Malawi, ils ont finalement accepté le nouveau protectorat britannique du Nyassaland (aujourd'hui Malawi), laissant aux Portugais le contrôle de la côte est du lac.

L'Empire britannique a mis les pieds dans les terres les riches de la région, acquérant ce qui est aujourd'hui l'Ouganda et le Kenya.

Le Protectorat de l'Ouganda et la colonie du Kenya étaient situés dans une riche zone de terres agricoles, la plupart du temps appropriée pour l'agriculture (café et thé) et l'élevage.

Les conditions climatiques dominantes et la géomorphologie des régions ont permis l'établissement de colonies florissantes de style européen comme Nairobi, Vila Junqueiro, Porto Amélia et Entebbe.

Les Français ont occupé la plus grande île de l'océan Indien (et la quatrième plus grande au monde), Madagascar, avec un groupe de petites îles voisines, à savoir la Réunion et les Comores.

Madagascar est devenu une partie de l'empire colonial français après deux campagnes militaires contre le Royaume de Madagascar.

Les Britanniques détenaient également un certain nombre de colonies insulaires dans la région, y compris l'archipel étendu des Seychelles et la riche île agricole de Maurice, précédemment sous la souveraineté française.

L'Empire allemand a pris le contrôle d'une grande région appelée Afrique de l'Est allemande, comprenant le Rwanda actuel, le Burundi et la partie continentale de la Tanzanie appelée le Tanganyika.

En 1922, les Britanniques obtinrent un mandat de la Société des Nations sur le Tanganyika, qui fut administré jusqu'à son indépendance en 1961.

Après la Révolution de Zanzibar de 1965, l'Etat indépendant du Tanganyika forma la République Unie de Tanzanie en créant une union entre le continent et Zanzibar.

L'Afrique orientale allemande, bien que très étendue, n'avait pas une importance stratégique comme les colonies britanniques : l'occupation de ces terres était difficile et donc limitée, principalement en raison des conditions climatiques et de la géomorphologie locale.

L'Italie a pris le contrôle de diverses parties de la Somalie dans les années 1880.

Les trois quarts sud de la Somalie sont devenus un protectorat italien (Somalie italienne).

Pendant cette période, en 1884, une étroite bande côtière du nord de la Somalie était sous contrôle britannique (Somalie britannique).

Ce protectorat nord était juste en face de la colonie britannique d'Aden, sur la péninsule arabique.

Avec ces territoires garantis, la Grande-Bretagne a pu servir de gardien de la voie maritime menant à l'Inde britannique.

En 1890, à partir de l'acquisition de la petite ville portuaire d'Assab en Érythrée, les Italiens colonisèrent toute l'Érythrée.

En 1895, à partir des bases militaires de la Somalie et de l'Érythrée, les Italiens ont déclenché la première guerre italo-éthiopienne contre l'empire orthodoxe d'Ethiopie.

En 1896, la guerre était devenue un désastre total pour les Italiens et l'Éthiopie a pu conserver son indépendance.

L'Ethiopie est restée indépendante jusqu'en 1936 quand, après la deuxième guerre d'Italo-Abyssinie, elle est devenue une partie de l'Afrique de l'Est italienne.

L'occupation italienne de l'Ethiopie a pris fin en 1941 pendant la Seconde Guerre mondiale.

Les Français ont également mis en place un avant-poste de l'Afrique de l'Est sur la route vers l'Indochine française.

Le petit protectorat de Djibouti devient français en 1897.

En 1989, on estimait qu'environ 600.000 européens vivaient sur le continent.

La plupart sont de descendance néerlandaise, britannique, portugaise, allemande, française et, dans une moindre mesure, italienne, espagnole, grecque, juive ou irlandaise.

La majorité vivait autrefois sur la côte méditerranéenne, en Afrique du Sud ou au Zimbabwe.

Langue

Sur la Corne de l'Afrique, les langues afro-asiatiques prédominent, y compris l'Amharique, l'Oromo et le Tigrigna.

Dans la région des Grands Lacs africains, les langues bantoues comme le Kikuyu, le Kinyarwanda, le Kirundi, le Runyakitara et le Luganda sont les plus parlées; les langues nilo-sahariennes, telles que le Luo, le Kalenjin et le Massaï, sont également parlées en moindre nombre.

Le swahili, qui compte au moins 80 millions de locuteurs (première langue en Afrique), est une langue commerciale importante dans la région des Grands Lacs et a un statut officiel en Tanzanie, au Kenya et en Ouganda.

Les langues européennes telles que l'anglais, le portugais et, dans une moindre mesure, le français, demeurent importantes dans les établissements supérieurs de certaines régions.

Conflits

Jusqu'à récemment, plusieurs pays d'Afrique de l'Est étaient déchirés par des coups politiques, des violences ethniques et des dictatures oppressives.

Depuis la fin du colonialisme, la région a enduré les conflits suivants:

Afrique de l'Est et du Nord (Corne de l'Afrique)

Guerre civile éthiopienne 1974-1991

Guerre d'indépendance de l'Érythrée 1961-1991

Guerre érythréenne-éthiopienne 1998-2000

Guerre de l'Ogaden 1977-1978

Guerre civile somalienne 1991-2009

Soudan du sud

Deuxième guerre civile soudanaise 1983-2005
Conflit politique-ethnique interne 2011-en cours
Guerre civile du Soudan du Sud 2013-2015

Afrique orientale et du Sud

Guerre civile du Burundi 1993-2005

Génocide des Hutus en 1972

Génocide des Tutsis en 1993

Guerre Ouganda-Tanzanie 1978-1979

Guerre de l'Ouganda de 1981 à 1986

Insurrection de l'Armée de résistance du Seigneur en Ouganda, Soudan du Sud et République démocratique du Congo

Guerre civile rwandaise 1990-1993 et le génocide rwandais des Tutsis

Révolution de Zanzibar 1964

Première guerre du Congo 1996-1997 et deuxième guerre du Congo 1998-2003

Conflit du Kivu

Le Kenya jouit d'une gouvernance relativement stable. Cependant, la politique a été parfois turbulente, y compris la tentative de coup d'État en 1982 et les émeutes électorales de 2007.

La Tanzanie connaît un gouvernement stable depuis son indépendance, bien qu'il y ait des tensions politiques et religieuses importantes. Zanzibar est maintenant un état semi-autonome de République Unie de Tanzanie.

La Tanzanie et l'Ouganda ont été en guerre entre 1978 et1979 ; ce qui a entraîné la fin du règne du président Idi Amin.

Le Rwanda, l'Ouganda et le Burundi ont tous fait face à l'instabilité et aux conflits ethniques depuis l'indépendance, notamment le génocide rwandais de 1994, le génocide du Burundi de 1993 et la guerre civile du Burundi.

Le Rwanda et l'Ouganda continuent d'être impliqués dans des conflits dehors de la région.

Djibouti, ainsi que les régions du Puntland et du Somaliland (Somalie), ont également connu une relative stabilité.

Le Sud-Soudan s'est séparé pacifiquement du Soudan en 2011, six ans et demi après qu'un accord de paix ait mis fin à la Seconde Guerre Civile Soudanaise.

Les plus grandes villes

Corne de l'Afrique

Addis-Abeba (Éthiopie)

Asmara (Érythrée)

Djibouti (Djibouti)

Mogadiscio (Somalie)

Vallée du Nil

Le Caire (Égypte)

Alexandrie (Égypte)

Khartoum (Soudan)

Djouba ou Juba (Soudan du Sud)

Océan Indien

Antananarivo (Madagascar)

Toamasina (Madagascar)

Port-Louis (Maurice)

Moroni (Comores)

Mutsamudu (Comores)

Victoria (Seychelles)

Saint-Denis (Réunion)

Mamoudzou (Mayotte)

Afrique de l'Est

Kampala (Ouganda)

Jinja (Ouganda)

Kigali (Rwanda)

Bujumbura (Burundi)

Nairobi (Kenya)

Mombasa (Kenya)

Dodoma (Tanzanie)

Dar es Salaam (Tanzanie)

Malakal (Soudan du Sud)

Afrique du Sud

Maputo (Mozambique)

Lilongwe (Malawi)

Lusaka (Zambie)

Harare (Zimbabwe)

Bulawayo (Zimbabwe)

Afrique du Nord

L'Afrique du Nord est la région la plus septentrionale de l'Afrique qui comprend sept pays et territoires; l'Algérie, l'Égypte, la Libye, la Mauritanie, le Maroc, le Soudan, la Tunisie et le Sahara occidental.

Les pays de l'Algérie, du Maroc, de la Tunisie et de la Libye sont souvent appelés collectivement le Maghreb, qui est le mot arabe pour désigner "coucher du soleil".

L'Égypte se trouve au nord-est et englobe une partie de l'Asie occidentale, tandis que le Soudan est situé au bord du Sahel, au sud de l'Égypte.

L'Egypte est un pays transcontinental en raison de la péninsule du Sinaï, qui se trouve géographiquement en Asie occidentale.

L'Afrique du Nord comprend également un certain nombre de possessions espagnoles (Ceuta et Melilla au large de la côte du Maroc).

Les îles Canaries dans l'océan au nord-ouest du continent africain sont incluses dans la région.

La distinction entre l'Afrique du Nord et une grande partie de l'Afrique subsaharienne est historiquement et écologiquement significative en raison de la barrière efficace créée par le désert du Sahara.

En 3500 av. J.-C., suite à la désertification du Sahara due à des changements progressifs de l'orbite terrestre, cette barrière a séparé culturellement le Nord du reste du continent.

Comme les civilisations maritimes des Phéniciens, Grecs, Romains, Musulmans et autres ont facilité la communication et la migration à travers la Méditerranée, les cultures de l'Afrique du Nord sont devenues beaucoup plus étroitement liées à l'Asie et à l'Europe du Sud-Ouest.

L'influence islamique dans la région est également importante, et l'Afrique du Nord est une partie importante du monde musulman.

Certains chercheurs pensent que l'Afrique du Nord, plutôt que l'Afrique de l'Est, est le berceau des humains modernes qui ont traversé tout le continent.

Géographie

Les montagnes de l'Atlas s'étendent à travers une grande partie du Maroc, du nord de l'Algérie et de la Tunisie. Ils reculent au sud et à l'est avant de rencontrer le désert du Sahara, qui couvre plus de 75% de la région.

Les sédiments du Sahara recouvrent un ancien plateau de roche cristalline, dont une partie a plus de quatre milliards d'années.

Les vallées abritées dans les montagnes de l'Atlas, la vallée du Nil et le delta, et la côte méditerranéenne sont les principales sources de terres agricoles fertiles.

On cultive une grande variété de cultures précieuses, notamment des céréales, du riz et du coton, et des bois comme le cèdre et le liège.

Les cultures méditerranéennes typiques, comme les olives, les figues, les dattes et les agrumes, prospèrent également dans ces régions.

La vallée du Nil est particulièrement fertile, et la plupart de la population vivent près des fleuves.

Ailleurs, l'irrigation est essentielle pour améliorer les rendements des cultures sur les marges désertiques.

Villes et Pays

Alger (Algérie)

Le Caire (Égypte)

Tripoli (Libye)

Rabat (Maroc)

Khartoum (Soudan)

Tunis (Tunisie)

Sahara occidental (Principalement sous administration marocaine)

Les Peuples Berbères, Maghrébins, Égyptiens et Nubiens

Les habitants sont généralement divisés de manière à correspondre approximativement aux principales régions géographiques de l'Afrique du Nord: le Maghreb, la vallée du Nil et le Sahara.

On croit que le Maghreb ou l'Afrique du Nord occidentale, dans son ensemble, a été habitée par des Berbères depuis au moins 10 000 av. J.-C. tandis que la partie orientale de l'Afrique du Nord ou la vallée du Nil a été principalement le foyer des Égyptiens.

Le bord du Sahel, au sud de l'Egypte a été principalement habité par les Nubiens.

Les anciens Égyptiens enregistrent un contact étendu dans leur désert occidental avec des peuples qui semblent avoir été berbères ou proto-berbères, ainsi que des Nubiens du sud.

Comme l'ont montré les plus importants ensembles d'art rupestre préhistorique de Tassili n'Ajjer et d'autres découvertes, le Sahara a également accueilli diverses populations avant sa désertification rapide en 3500 av. J.-C. et continue aujourd'hui d'accueillir de petites populations de peuples nomades transsahariens.

Au XIe siècle, les Hilaliens ont envahi les plaines et les plateaux de l'Afrique du Nord, mais pas les montagnes (Rif, Kabylie ou Aures), apportant avec eux des dialectes de l'arabe, qui au cours des siècles ont été en contact significatif avec d'autres langues d'Europe. Ils ont contribué à l'arabisation des populations berbères.

La langue officielle ou l'une des langues officielles dans tous les pays d'Afrique du Nord est l'arabe.

Aujourd'hui, les plus grands groupes ethniques d'Afrique du Nord sont les Berbères et les Arabes majoritairement musulmans avec une minorité juive au Maroc et en Tunisie et une importante minorité chrétienne Coptes en Egypte et en Algérie.

Culture

Les populations du Maghreb et du Sahara parlent des langues berbères et plusieurs variétés de l'arabe et suivent presque exclusivement l'Islam.

Les langues arabes et berbères sont différentes, toutes les deux étant membres de la famille linguistique afro-asiatique.

Les langues berbères touarègues sont notamment plus conservatrices que celles des villes côtières.

Au fil des ans, les Berbères ont été influencés par le contact avec d'autres cultures: Grecs, Phéniciens, Égyptiens, Romains, Vandales, Arabes, Européens et Africains subsahariens.

Les cultures du Maghreb et du Sahara associent donc les Berbères, les Arabes et les éléments autochtones des régions voisines d'Afrique et d'ailleurs.

Au Sahara, la distinction entre les habitants d'oasis sédentaires et les Bédouins nomades et les Touaregs est particulièrement marquée.

Les peuples divers du Sahara sont généralement classés selon des lignes ethnolinguistiques.

Au Maghreb où les identités arabes et berbères sont souvent intégrées, ces lignes peuvent être floues.

Certains berbères peuvent s'identifier comme «arabes» en fonction des circonstances sociales et politiques, bien qu'un nombre important de Berbères Imazighen a conservé une identité culturelle distincte.

Les Africains de l'Afrique du Nord arabophones, indépendamment de leur origine ethnique, s'identifient souvent à l'histoire et à la culture arabes et peuvent partager une vision commune avec d'autres Arabes.

Cela peut cependant exclure ou non la fierté et l'identification berbère ou d'autres parties de leur patrimoine.

Cependant, les militants politiques et culturels berbères, souvent appelés berbéristes, considèrent tous les Africains du Nord-Ouest comme des berbères, qu'ils soient essentiellement berbères ou arabophones.

Au cours des siècles, les Égyptiens ont déplacé leur langue vers l'arabe égyptien moderne, tout en conservant un sentiment d'identité nationale qui les a historiquement distingués des autres peuples de la région.

La plupart des Égyptiens sont musulmans sunnites, bien qu'il y ait une minorité significative de coptes.

En Nubie, une région à cheval entre l'Égypte et le Soudan, un nombre significatif de personnes parlent les langues nubiennes.

Au nord du Soudan, la principale langue parlée est l'arabe, alors qu'environ 144 langues soudanaises sont également parlées.

Le Soudan abrite une population musulmane à prédominance arabe, bien qu'il reste des populations non arabes importantes dans l'extrême nord (Nubiens), à l'extrême ouest (Fours, Masalit et Zaghawa) et au sud (Nouba) du Soudan.

Autrefois, le Maghreb avait une population juive importante, dont la quasi-totalité ont émigré en France ou en Israël lorsque les nations nord-africaines obtinrent leur indépendance.

Avant l'établissement moderne d'Israël, il y avait environ 600 000 à 700 000 juifs en Afrique du Nord, y compris les Juifs sépharades (réfugiés de France, d'Espagne et du Portugal de l'ère de la Renaissance) ainsi que les juifs Mizrahim indigènes.

Aujourd'hui, moins de quinze mille restent dans la région, presque tous au Maroc et en Tunisie, et font pour la plupart partie d'une élite urbaine francophone.

Afrique du Nord préhistorique

En raison de la récente origine africaine des humains modernes, l'histoire de l'Afrique du Nord préhistorique est importante pour la compréhension de l'histoire humaine moderne en Afrique.

Les premiers habitants de l'Afrique du Nord ont laissé des vestiges importants: par exemple, on a retrouvé des restes d'occupation des hominidés près de Saïda (200 000 avant notre ère).

Les peintures rupestres de Tassili n'Ajjer, au nord de Tamanrasset, en Algérie, et à d'autres endroits, dépeignent des scènes vibrantes et vives de la vie quotidienne dans le centre de l'Afrique du Nord pendant la période du néolithique (environ 8000 à 4000 avant Jésus-Christ).

Certaines parties de l'Afrique du Nord ont commencé à participer à la révolution néolithique au VIe millénaire avant J.-C., juste avant la désertification rapide du Sahara vers 3500 av. J.-C..

Alors que l'Égypte et la Nubie sont les premières civilisations entrées dans l'âge du bronze, le Maghreb est resté plus longtemps dans la période préhistorique.

Certaines colonies phéniciennes et grecques ont été établies le long de la côte méditerranéenne au cours du VIIe siècle av. J.-C..

Antiquité et Rome antique

Les nations les plus notables de l'antiquité dans l'ouest de l'Afrique du Nord sont Carthage et la Numidie.

Les Phéniciens ont colonisé une grande partie de l'Afrique du Nord, y compris Carthage et certaines parties du Maroc actuel.

Les Carthaginois étaient d'origine phénicienne.

L'ancienne Carthage était une puissance commerciale et avait une forte marine, mais comptait sur des mercenaires pour les opérations terrestres.

Les Carthaginois développèrent un empire dans la Péninsule Ibérique et en Sicile, ce dernier étant la cause de la Première Guerre Punique avec les Romains.

Tous les territoires carthaginois ont finalement été conquis par les Romains, ce qui a fait que les territoires carthaginois de l'Afrique du Nord deviennent une province romaine en 146 av. J.-C..

Cela a conduit à plusieurs tensions et éventuellement à plusieurs conflits entre la Numidie et Rome.

L'Afrique du Nord est restée une partie de l'empire romain, qui a produit de nombreux citoyens notables comme Augustin d'Hippone.

Le début du cinquième siècle a permis aux peuples germaniques, les Vandales, de franchir le détroit de Gibraltar.

La perte de l'Afrique du Nord est considérée comme la cause de la chute de l'empire romain d'Occident, l'Afrique ayant été une importante province céréalière qui a maintenu la prospérité romaine malgré les incursions barbares et la richesse requise pour créer de nouvelles armées.

La question de la reconquête de l'Afrique du Nord est devenue primordiale pour l'Empire Occidental, mais a été empêchée par les victoires Vandales.

L'énergie romaine devait être centrée sur la menace émergente des Huns.

En 468 apr. J.-C., les Romains firent une dernière tentative sérieuse pour envahir l'Afrique du Nord, mais furent repoussés.

C'est peut-être le point du déclin de l'Empire romain d'Occident.

Le dernier empereur romain a été déposé en 476 par le général Hérule Odoacer.

Les itinéraires commerciaux entre l'Europe et l'Afrique du Nord sont restés intacts jusqu'à la venue de l'islam.

Certains berbères étaient membres de l'Église africaine primitive, certains étaient des Juifs berbères, et certains ont adhéré à la religion berbère traditionnelle.

Le pape africain Victor I a servi pendant le règne de l'empereur romain Septime Sévère.

La conquête arabe des temps modernes

Les premières conquêtes musulmanes en Afrique du Nord ont commencé en 640.

En 670, la majeure partie de l'Afrique du Nord était soumise à la domination musulmane.

Les Berbères indigènes ont ensuite commencé à former leurs propres politiques dans des endroits tels que Fès et Sijilmassa.

Au XIe siècle, un mouvement réformiste composé de membres de la dynastie almoravide s'est étendu au sud de l'Afrique subsaharienne.

La civilisation florissante de l'Afrique du Nord s'est effondrée après avoir épuisé ses ressources dans les combats internes et les souffrances dévastatrices de l'invasion des Banu Sulaym et des Banu Hilal (Hilaliens).

Les terres ravagées par les envahisseurs Banu Hilal étaient complètement devenues un désert aride.

Après le moyen âge, la zone était librement sous le contrôle de l'Empire ottoman, à l'exception du Maroc.

L'Empire espagnol a conquis plusieurs villes côtières entre le XVIe et le XVIIIe siècles.

Après le XIXe siècle, la présence impériale et coloniale de la France, du Royaume-Uni, de l'Espagne et de l'Italie a laissé l'ensemble de la région sous une forme d'occupation européenne.

Pendant la Seconde Guerre mondiale de 1940 à 1943, la région était le cadre de la campagne de l'Afrique du Nord.

Pendant les années 1950 et 1960, tous les États d'Afrique du Nord ont acquis leur indépendance.

Il reste un différend sur le Sahara occidental entre le Maroc et le Front Polisario soutenu par l'Algérie.

En 2010 et 2011, des manifestations massives (Printemps arabe) ont balayé la région menant au renversement des gouvernements en Tunisie et en Egypte, ainsi que la guerre civile en Libye.

De grandes manifestations se sont également produites en Algérie et au Maroc.

Transport et industrie

Les économies de l'Algérie, de la Libye et du Soudan ont été transformées par la découverte de réserves de pétrole et de gaz naturel dans les déserts.

Les principales exportations du Maroc sont les phosphates et les produits agricoles et comme en Égypte et en Tunisie, l'industrie du tourisme est essentielle à l'économie.

L'Égypte possède les centres industriels les plus développées de l'Afrique du Nord.

Les plates-formes pétrolières sont dispersées dans les déserts de la Libye, de l'Algérie et du Soudan.

L'huile libyenne est particulièrement appréciée en raison de sa faible teneur en soufre, ce qui signifie qu'il produit beaucoup moins de pollution que les autres huiles combustibles.

Afrique du sud et australe

L'Afrique australe est la région la plus méridionale du continent africain, définie de façon variable par la géographie ou la géopolitique, et comprenant plusieurs pays.

Le terme Afrique australe désigne généralement l'Angola, le Botswana, le Lesotho, le Malawi, le Mozambique, la Namibie, l'Afrique du Sud, le Swaziland, la Zambie et le Zimbabwe.

D'un point de vue politique, la région est dite unipolaire avec l'Afrique du Sud comme première puissance régionale.

L'Union douanière d'Afrique australe (SACU), créée en 1969, comprend également les cinq pays de la sous-région de l'Afrique australe.

La Communauté de développement de l'Afrique australe (SADC) a été créée en 1980 pour faciliter la coopération dans la région.

Elle comprend :

Angola

Botswana

République Démocratique du Congo

Lesotho

Madagascar

Malawi

Ile Maurice

Mozambique

Namibie

Seychelles

Afrique du Sud

Swaziland

Tanzanie

Zambie

Zimbabwe

Géographie

La géographie de l'Afrique australe est variée, allant de la forêt aux déserts.

La région possède à la fois des zones côtières basses et des montagnes.

En ce qui concerne les ressources naturelles, la région possède les plus grandes ressources mondiales de platine, de chrome, de vanadium, de cobalt, d'uranium, d'or, de titane, de fer et des diamants.

Économie

La région est distincte du reste de l'Afrique, avec certaines de ses principales exportations, y compris le platine, les diamants, l'or et l'uranium, mais elle reste similaire parce qu'elle partage certains des problèmes avec le reste du continent.

Alors que le colonialisme a marqué le développement au cours de l'histoire, la pauvreté, la corruption et le VIH/Sida sont aujourd'hui parmi les principaux facteurs qui entravent la croissance économique.

La poursuite de la stabilité économique et politique est un élément important des objectifs de la région, comme le démontre la SADC.

En termes de puissance économique, l'Afrique du Sud est de loin la puissance dominante de la région.

Le PIB de l'Afrique du Sud est à lui seul beaucoup plus élevé que le PIB de tous les autres pays de la région.

Environnement

L'Afrique australe a une grande diversité d'écorégions, y compris les prairies, le bushveld, le karoo, la savane et les zones riveraines.

Même si des perturbations considérables se sont produites dans certaines régions en raison de la perte d'habitat due à la surpopulation humaine ou au développement axé sur les exportations, il reste un nombre important d'espèces sauvages, notamment le rhinocéros blanc, le lion, le léopard, l'impala, le kudu, le Gnou bleu, le singe et l'éléphant.

Il existe de nombreux problèmes environnementaux en Afrique australe, y compris la pollution atmosphérique et la désertification.

Culture et peuple

L'Afrique australe abrite de nombreuses cultures et de nombreuses races humaines et a autrefois été peuplé par les Khoïkhoï et les Pygmées dans des concentrations largement dispersées.

La majorité des groupes ethniques de cette région, y compris les Zoulous, les Tsonga, les Xhosa, les Swazi, les Ndébélés du Nord, Ndébélés du Sud, les Tswanas, les Sotho et les Shonas, les Lunda, les Mbundu, les Ovimbundu, les Chaggas et les Soukoumas, parlent des langues bantoues.

Le processus de colonisation entraîné dans de nombreux pays d'Afrique australe une importante population européens (Afrikaners, Anglais, Portugais, etc.) et Asiatiques (Malais du Cap, Sud-Africains Indiens, etc.).

Agriculture et sécurité alimentaire

L'agriculture, la pauvreté, la faible croissance économique, les politiques agricoles inadéquates, les termes et les régimes commerciaux, la dégradation des ressources et l'augmentation récente du VIH/Sida, sont les principaux problèmes de la région.

Ces facteurs varient d'un pays à l'autre.

Par exemple, la République démocratique du Congo (RDC) a des conditions climatiques favorables, mais elle n'a pas les capacités de faire des provisions alimentaires en raison de l'instabilité politique et de la mauvaise gouvernance.

En revanche, les pays semi-arides tels que le Botswana et la Namibie produisent des aliments insuffisants mais parviennent avec succès à l'indépendance alimentaire grâce aux importations de produits en raison de la croissance économique, de la stabilité politique et de la bonne gouvernance.

La République d'Afrique du Sud est un important producteur et exportateur de produits alimentaires dans la région.

La sécurité alimentaire en milieu urbain a été considérée comme un domaine émergent dans la région, avec des données récentes montrant des niveaux élevés d'insécurité alimentaire parmi les ménages à faible revenu. Cependant, la moitié (50%) de l'ensemble des ménages sont en situation d'insécurité alimentaire sévère.

Parmi les facteurs qui influencent l'insécurité alimentaire urbaine figurent le changement climatique avec un impact potentiel sur la productivité agricole, l'expansion des supermarchés dans la région, ce qui modifie la façon dont les gens obtiennent de la nourriture dans la ville, la migration rurale vers les villes, le chômage et la pauvreté.

La question de l'insécurité alimentaire en général et de l'insécurité alimentaire urbaine en particulier se caractérise également par une consommation accrue d'aliments transformés conduisant à une augmentation potentielle des maladies chroniques liées à l'alimentation comme l'obésité et l'hypertension.

Partage de l'Afrique

L'invasion, l'occupation, la division, la colonisation et l'annexion du territoire africain par les puissances européennes pendant la période de l'impérialisme, entre 1881 et 1914, est aussi appelée Partage de l'Afrique, Partition de l'Afrique ou Conquête de l'Afrique.

En 1870, seulement 10% de l'Afrique était sous contrôle européen ; en 1914, elle était passée à 90% du continent, seule l'Éthiopie (l'Abyssinie), l'État Derviche (Somalie actuelle) et le Libéria étaient indépendant.

La Conférence de Berlin de 1884, qui réglemente la colonisation et le commerce européens en Afrique, est habituellement appelée le point de départ de la Conquête de l'Afrique.

Les dernières années du XIXe siècle ont vu la transition de l'impérialisme informel, par l'influence militaire et la domination économique, provoquant l'impérialisme colonial.

Contexte

Les Portugais furent les premiers Européens de l'après-Moyen-Age à établir, au XVe siècle, des colonies, des fortifications permanentes et des ports d'escale le long des côtes du continent africain.

Il y avait peu d'intérêt et moins de connaissance de l'intérieur pendant environ deux siècles.

L'exploration européenne de l'intérieur africain a commencé sérieusement à la fin du XVIIIe siècle.

En 1835, les Européens avaient cartographié la plus grande partie de l'Afrique du nord-ouest.

Au milieu du XIXe siècle, les plus célèbres des explorateurs européens ont été David Livingstone et Stanley, qui ont tous deux cartographié de vastes régions de l'Afrique australe et de l'Afrique centrale.

Les expéditions des années 1850 et 1860 par Richard Burton, John Speke et James Grant ont localisé les grands lacs centraux et la source du Nil.

A la fin du XIXe siècle, les Européens avaient tracé le Nil depuis sa source, tracé les fleuves Niger, Congo et Zambèze, et identifié les vastes ressources naturelles de l'Afrique.

Même dans les années 1870, les États européens ne contrôlaient encore que dix 10% du continent africain, tous leurs territoires étant proches de la côte.

Les zones les plus importantes ont été l'Angola et le Mozambique, détenus par le Portugal; la colonie du Cap, détenue par le Royaume-Uni; et l'Algérie, détenue par la France.

En 1914, seule l'Éthiopie et le Libéria étaient indépendants du contrôle européen.

L'avancement technologique a facilité l'expansionnisme à l'étranger.

L'industrialisation a entraîné des progrès rapides dans le transport et la communication, en particulier dans les formes de la navigation à vapeur, des chemins de fer et des télégraphes.

Les progrès médicaux ont également été importants, en particulier les médicaments pour les maladies tropicales.

Le développement de la quinine, un traitement efficace contre le paludisme, a permis à de vastes étendues des tropiques d'être accessibles par les Européens.

L'Afrique et les marchés mondiaux

L'Afrique subsaharienne, l'une des dernières régions du monde qui n'a pas été touchée par l'impérialisme informel, attire également les élites dirigeantes européennes pour des raisons économiques, politiques et sociales.

Au moment où la balance commerciale de la Grande-Bretagne montrait un déficit croissant, avec des marchés continentaux en retrait et de plus en plus protectionnistes en raison de la Grande Dépression (1873-1896), l'Afrique offrait à la Grande-Bretagne, à l'Allemagne, à la France et à d'autres pays un marché ouvert qui procurerait une croissance économique.

En outre, les capitaux excédentaires étaient souvent plus rentablement à l'étranger, où des matériaux bon marché, une concurrence limitée et des matières premières abondantes ont facilité les affaires économiques.

Un autre avantage de l'impérialisme était la demande des matières premières non disponibles en Europe, notamment le cuivre, le coton, le caoutchouc, l'huile de palme, le cacao, les diamants, le thé et l'étain auxquels les consommateurs européens s'étaient habitués et sur lesquels l'industrie européenne était devenue dépendante.

En outre, la Grande-Bretagne utilisait les côtes de l'Afrique comme des escales de la route vers l'Asie.

Cependant, à l'exclusion de l'Afrique du Sud, le montant des investissements de capitaux des Européens a été relativement faible par rapport aux autres colonies.

En conséquence, les entreprises impliquées dans le commerce tropical africain étaient relativement petites, à l'exception de De Beers et le Congo Belge de Léopold II de Belgique plus tard.

Rivalité stratégique

La rivalité entre la Grande-Bretagne, la France, l'Allemagne et les autres puissances européennes caractérisent une grande partie de la colonisation.

Alors que l'Afrique tropicale n'était pas une zone d'investissement, d'autres régions d'outre-mer l'étaient.

L'immense espace intérieur entre l'Afrique du Sud riche en diamants et l'Egypte avait une valeur stratégique pour assurer le flux du commerce d'outre-mer.

La Grande-Bretagne subissait une pression politique pour obtenir des marchés lucratifs contre des rivaux qui envahissaient la Chine et ses colonies de l'Est, notamment l'Inde, la Malaisie, l'Australie et la Nouvelle-Zélande.

Ainsi, la sécurisation de la voie navigable clé entre l'Est et l'Ouest du canal de Suez était cruciale.

La Grande-Bretagne annexera l'Afrique de l'Est dans les années 1880-1890.

Le Partage de l'Afrique a également reflété le souci de l'acquisition de bases militaires et navales, à des fins stratégiques.

Les navires neufs entraînés par la vapeur avaient besoin de stations de charbon et de ports pour l'entretien.

Des bases de défense et des lignes de communication étaient également nécessaires pour la protection des routes maritimes, en particulier des voies navigables internationales telles que le canal de Suez.

Les colonies étaient également perçues comme des atouts dans les négociations «d'équilibre de pouvoir».

Les colonies avec de grandes populations indigènes étaient aussi une source de puissance militaire; la Grande-Bretagne et la France ont utilisé un grand nombre de soldats indiens et nord-africains dans bon nombre de leurs guerres coloniales.

Au début des années 1880, Pierre Savorgnan de Brazza explore le Royaume de Kongo pour la France, en même temps qu'Henry Morton Stanley qui explore le même royaume au nom de Léopold II de Belgique.

La France occupe la Tunisie en mai 1881, ce qui a convaincu l'Italie de rejoindre la double alliance germano-autrichienne en 1882, formant ainsi la Triple Alliance.

La même année, la Grande-Bretagne a occupé l'Égypte (jusqu'alors un État autonome dûment fidèle à l'Empire ottoman), qui régnait sur le Soudan et certaines parties du Tchad, de l'Érythrée et de la Somalie.

En 1884, l'Allemagne occupa le Togo, le Cameroun et le Sud-Ouest africain ; et la France occupait la Guinée.

L'Afrique occidentale française (AOF) a été fondée en 1895, et l'Afrique équatoriale française (AEF) en 1910.

Weltpolitik

L'Allemagne n'était guère une puissance coloniale avant la période de l'impérialisme, mais elle participerait avec ardeur à cette course.

Fragmentée dans divers états, l'Allemagne n'a été unifiée sous le régime de la Prusse qu'après la Bataille de Königgrätz de 1866 et la Guerre franco-prussienne de 1870.

Une puissance industrielle montante de la Grande-Bretagne et de l'Allemagne a commencé son expansion mondiale dans les années 1880.

Après avoir isolé la France par la double alliance avec l'Autriche-Hongrie, puis la Triple Alliance de 1882 avec l'Italie, le chancelier Otto von Bismarck proposa la Conférence de Berlin de 1884 à 1885 qui fixa les règles du contrôle effectif d'un territoire étranger.

La Weltpolitik (politique mondiale) était la politique étrangère adoptée par le Kaiser Wilhelm Guillaume II en 1890, dans le but de transformer l'Allemagne en une puissance mondiale grâce à une diplomatie agressive, à l'acquisition de colonies d'outre-mer et au développement d'une grande marine.

Certains Allemands préconisaient l'expansion aux Philippines et d'autres à Taiwan, etc.

A la fin des années 1870, ces voix isolées commençaient à être relayées par une véritable politique impérialiste, soutenue par une thèse mercantiliste.

En règle générale, Bismarck était opposé au colonialisme allemand et a dû démissionner le 18 mars 1890.

Guillaume II a plutôt adopté une politique très agressive de colonisation et d'expansion coloniale.

L'expansion de l'Allemagne déboucherait sur le Plan Tirpitz, mis en œuvre par l'amiral von Tirpitz, qui défendrait également les diverses lois de la flotte à partir de 1898, engageant ainsi une course aux armements avec la Grande-Bretagne.

En 1914, ils avaient donné à l'Allemagne la deuxième plus grande force navale au monde.

Cette politique navale agressive était soutenue par le Parti libéral plutôt que par les conservateurs.

L'Allemagne est devenue la troisième plus grande puissance coloniale en Afrique. Près de la totalité de son empire global de 2,6 millions de kilomètres carrés et 14 millions d'habitants en 1914 a été trouvé dans ses possessions africaines du Togo, Cameroun et Tanganyika.

En 1904, après une entente cordiale entre la France et l'Empire britannique, l'Allemagne tente d'occuper le Maroc.

Avec la crise du Fachoda de 1898 entre la France et l'Angleterre, l'amertume entre les différentes nations impérialistes a finalement conduit à la Première Guerre mondiale.

L'expansion de l'Italie

L'Italie a pris possession de l'Erythrée en 1870 et 1882. Après sa défaite dans la Première Guerre Italo-éthiopienne (1895-1896), il a acquis la Somalie en 1889-1890 et l'ensemble de l'Érythrée en 1899.

En 1911, l'Italie s'est engagé dans une guerre avec l'Empire Ottoman, dans lequel il a acquis la Libye moderne.

La seconde guerre italo-abyssinienne (1935-1936), ordonnée par le fasciste Benito Mussolini, serait en fait l'une des dernières guerres coloniales (c'est-à-dire destinées à coloniser un pays étranger, par opposition aux guerres de libération nationale), à l'exception du Libéria.

Crises avant la Première Guerre mondiale

Colonisation du Congo

Les explorations de David Livingstone, menées par Henry Morton Stanley, excitaient la colonisation; mais ceux-ci ont trouvé peu de soutien en raison des problèmes et de l'ampleur des mesures requises, à l'exception de Léopold II de Belgique, qui en 1876 avait organisé l'Association africaine internationale (la Société du Congo).

De 1869 à 1874, Stanley a été secrètement envoyé par Léopold II dans la région du Congo, où il a conclu des traités avec plusieurs chefs africains le long du fleuve Congo.

En 1882, ils avaient suffisamment de territoire pour former la base de l'Etat Libre du Congo.

Léopold II possédait personnellement la colonie à partir de 1885 et l'utilisa comme source d'ivoire et de caoutchouc.

Alors que Stanley explorait le Congo au nom de Léopold II de Belgique, l'officier maritime franco-italien Pierre de Brazza se rendit dans le bassin occidental du Congo et leva le drapeau français dans la ville de Brazzaville nouvellement créé en 1881, occupant ainsi la République du Congo.

Le Portugal, qui revendiquait également la zone en raison des anciens traités avec l'empire Kongo indigène, a conclu un traité avec la Grande-Bretagne le 26 février 1884 pour bloquer l'accès de la Société du Congo à l'Atlantique.

En 1890, l'État libre du Congo avait consolidé son contrôle sur son territoire entre Léopoldville et Stanleyville et cherchait à pousser vers le sud du fleuve Congo.

Parallèlement, la Compagnie britannique d'Afrique du Sud de Cecil Rhodes s'étendait vers le nord depuis le fleuve Limpopo.

À l'ouest du Katanga, Msiri était le dirigeant le plus militairement puissant de la région et échangeait de grandes quantités de cuivre, d'ivoire et d'esclaves.

La lutte pour le Katanga a été un excellent exemple de la période.

Léopold a envoyé quatre expéditions pour prendre le Katanga avec ou sans le consentement de Msiri.

Msiri a refusé, a été abattu.

Ainsi, le demi-million de kilomètres carrés du Katanga est entré dans le domaine de Léopold et a porté son royaume africain jusqu'à 2.300.000 kilomètres carrés, environ 75 fois plus grand que la Belgique.

L'Etat libre du Congo a imposé un régime de terreur au peuple colonisé, y compris les massacres et le travail forcé.

Sous la pression de l'Association du Congo, la Belgique a mis fin au règne de Léopold II en transformant le Congo en colonie Belge en 1908.

Jusqu'à 8 millions des 16 millions d'habitants autochtones estimés sont morts entre 1885 et 1908 à cause des guerres, de la famine et des maladies

La maladie du sommeil a ravagé le pays et doit également être prise en compte dans le cadre de la diminution dramatique de la population.

La maladie du sommeil et la variole ont tué près de la moitié de la population dans les zones entourant le fleuve Congo.

Les estimations du nombre total de décès varient considérablement.

La plupart de l'intérieur du Congo était littéralement inexploré, sinon inaccessible.

Une situation similaire s'est produite dans le Congo français voisin.

La majeure partie de l'extraction des ressources était assurée par des sociétés concessionnaires, dont les méthodes brutales et les maladies ont entraîné la perte de 50% de la population indigène.

Le gouvernement français a nommé une commission, dirigée par de Brazza, en 1905 pour enquêter sur les abus répandus dans la colonie.

Cependant, de Brazza est mort sur le voyage de retour et son rapport n'a jamais été libéré au public.

Dans les années 1920, environ 20 000 travailleurs forcés sont morts en construisant le chemin de fer Congo-Océan sur le territoire français.

Construction du Canal de Suez

Le diplomate français Ferdinand de Lesseps avait obtenu de nombreuses concessions des Pachas d'Égypte et du Soudan entre 1854 et 1856 pour construire le canal de Suez.

Certaines sources estiment la main-d'œuvre à 30 000 personnes, mais d'autres estiment que 120 000 travailleurs sont morts au cours des dix années de construction à cause de la malnutrition, la fatigue et des maladies, en particulier le choléra.

Peu avant son achèvement en 1869, le Khédive Ismaïl Pacha emprunta des sommes énormes aux banquiers britanniques et français à des taux d'intérêt élevés.

En 1875, il a été confronté à des difficultés financières et a été forcé de vendre son bloc d'actions dans le canal de Suez. Les actions ont été rachetées par la Grande-Bretagne, sous son premier ministre, Benjamin Disraeli, qui a cherché à donner à son pays un contrôle pratique dans la gestion de cette voie navigable stratégique. Lorsque le Khédive Ismaïl Pacha repoussa la dette extérieure de l'Égypte en 1879, la Grande-Bretagne et la France s'emparèrent du pays, obligeant le souverain égyptien à installer son fils aîné Tewfik Pasha à sa place.

Les classes dirigeantes égyptiennes et soudanaises n'ont pas apprécié l'intervention étrangère.

Au cours des années 1870, les initiatives européennes contre le commerce des esclaves ont provoqué une crise économique dans le nord du Soudan, précipitant la montée des forces Mahdistes.

En 1881, la révolte mahdiste a éclaté au Soudan sous Muhammad Ahmad, coupant l'autorité de Tewfik au Soudan.

La même année, Tewfik subit une rébellion encore plus périlleuse de sa propre armée égyptienne sous la forme de la révolte d'Urabi.

En 1882, Tewfik a fait appel à l'assistance militaire britannique directe. Une force conjointe britannique-égyptienne a finalement battu les forces Mahdistes au Soudan en 1898.

Par la suite, la Grande-Bretagne (plutôt que l'Egypte) a pris le contrôle effectif du Soudan.

Conférence de Berlin (1884-1885)

La Conférence de Berlin de 1884-1885, également connue sous le nom de Conférence du Congo ou de Conférence de l'Afrique, a réglementé la colonisation et le commerce européens en Afrique au cours de la période de l'impérialisme.

Initié par le Portugal et organisé par Otto von Bismarck, premier Chancelier d'Allemagne, l'Acte Général de la Conférence de Berlin, souvent être vu comme le partage de l'Afrique, a inauguré une période d'intensification de l'activité coloniale par les puissances européennes, qui a éliminé ou a outrepassé la plupart des formes existantes d'autonomie et d'auto-gouvernance africaines.

Origine de la Conférence de Berlin

Avant la conférence, la diplomatie européenne traitait les peuples autochtones africains de la même manière que les indigènes du Nouveau Monde, en établissant des relations commerciales avec les chefs autochtones.

Vers le milieu du XIXe siècle, les Européens considéraient l'Afrique comme un territoire favorable pour l'exploration, le commerce et à l'établissement de leurs colons.

À l'exception des postes de traite le long des côtes.

En 1876, le roi Léopold II de Belgique, qui avait fondé l'Association Internationale Africaine en 1876, invita Henry Morton Stanley à le rejoindre dans l'exploration du continent.

En 1878, la Société internationale du Congo a également été formée, avec des objectifs plus économiques, mais toujours étroitement liée à l'ancienne société.

De 1878 à 1885, Stanley retourna au Congo, non en tant que journaliste, mais comme envoyé de Léopold avec la mission secrète d'organiser ce qui allait devenir l'État libre du Congo.

Les français avaient découvert les plans de Léopold, et la France s'engagea rapidement dans sa propre exploration coloniale.

L'officier français Pierre de Brazza a été envoyé en Afrique centrale, dans le bassin occidental du Congo et a planté le drapeau français sur le Brazzaville nouvellement fondé en 1881, dans ce qui est actuellement la République du Congo.

Enfin, le Portugal, qui avait déjà abandonné l'empire colonial Kongo a également revendiqué plusieurs zones.

Ses revendications étaient basées sur des traités anciens avec l'Espagne et l'Église catholique romaine.

Le Portugal a rapidement conclu un traité le 26 février 1884 avec son ancien allié, le Royaume-

Uni, pour bloquer l'expansion de la Société du Congo.

Au début des années 1880, en raison de nombreux facteurs, notamment les manœuvres diplomatiques, l'exploration coloniale subséquente et la reconnaissance de l'abondance de ressources précieuses de l'Afrique, comme l'or, le bois, la terre et les marchés, l'intérêt européen pour le continent avait considérablement augmenté.

La cartographie de Stanley du bassin du fleuve Congo (1874-1877) a remplacé la dernière carte européenne du continent et délimité les zones de contrôle britannique, portugais, français et belge.

La France s'est emparée de la Tunisie, l'un des derniers États Berbères, sous prétexte d'un autre incident de piraterie.

Les revendications françaises de Brazza se solidifient rapidement avec le contrôle de la République du Congo en 1881 et de la Guinée en 1884.

L'Italie fait partie de la Triple Alliance, bouleversant les plans soigneusement établis de Bismarck avec l'Etat et obligeant l'Allemagne à s'impliquer en Afrique.

En 1882, l'Egypte et l'Empire indien de la Grande-Bretagne étaient menacées par la pénétration de la France vers l'est de l'Afrique centrale en l'Ethiopie, sur le Nil et dans le canal de Suez.

Conférence

Dans le but de participer au partage de l'Afrique, l'Allemagne a commencé à lancer ses propres expéditions ; ce qui a effrayé les britanniques et les français.

Dans l'espoir d'apaiser rapidement ce conflit de brassage, le roi Léopold II a convaincu la France et l'Allemagne. Sous le soutien des Britanniques et d'une initiative du Portugal, Otto von Bismarck, chancelier allemand, a invité des représentants de treize nations d'Europe et des Etats-Unis à participer à la Conférence de Berlin en 1884 pour élaborer une politique commune sur le continent africain.

Alors que le nombre de plénipotentiaires varie selon les pays, les 14 pays suivants ont envoyé des représentants pour assister à la Conférence de Berlin et signer l'Acte de Berlin :

Autriche-Hongrie

Belgique

Danemark

Troisième République Française

Empire allemand

Royaume d'Italie

Pays-Bas

Empire Ottoman

Royaume du Portugal

Empire russe

Espagne

Suède-Norvège

Royaume-Uni

États-Unis

La conférence a été convoquée le samedi 15 novembre 1884 à la résidence officielle de Bismarck (site du Congrès de Berlin six ans plus tôt).

Bismarck accepta la présidence. Le représentant britannique était Sir Edward Malet (ambassadeur de l'Empire allemand).

Henry Morton Stanley a assisté en tant que délégué des États-Unis.

Acte général

La loi a fixé les points suivants :

Pour obtenir l'acceptation du public, la conférence a décidé de mettre fin à l'esclavage par les puissances africaines et islamiques.

Ainsi, une interdiction internationale de la traite des esclaves dans toutes leurs sphères respectives a été signée par les membres européens.

En raison de ce point, la conférence est aussi considérée comme la Société internationale pour la suppression des coutumes sauvages par les historiens.

L'Etat Libre du Congo a été confirmé comme la propriété privée de la Société du Congo, qui a soutenu les promesses de Léopold de garder le pays ouvert à tous les investissements européens.

Le territoire de la République démocratique du Congo (RDC), d'une superficie d'environ deux millions de kilomètres carrés, a été confirmé par les puissances européennes comme étant essentiellement la propriété de Léopold II (mais plus tard il a été organisé en tant que colonie belge sous administration publique).

Les 14 puissances signataires appliquaient le libre-échange dans tout le bassin du Congo ainsi que sur le lac Malawi.

Le trafic maritime a été rendu libre sur les fleuves Niger et Congo.

Un principe efficace basé sur l'occupation effective a été introduit pour neutraliser les pouvoirs des colonies.

Principe de l'occupation effective

Le principe de l'occupation effective stipulait que les pouvoirs ne pouvaient acquérir des droits sur les terres coloniales que s'ils en possédaient ou s'ils avaient une occupation effective, c'est-à-dire s'ils avaient des traités avec des dirigeants locaux.

La puissance coloniale pouvait également utiliser la colonie économiquement.

Ce principe est devenu non seulement une base pour les puissances européennes dans l'acquisition de la souveraineté territoriale en Afrique, mais aussi pour déterminer les limites de leurs possessions respectives, car l'occupation effective servait dans certains cas de critère de règlement des différends entre colonies.

Mais, comme la loi de Berlin était limitée dans son champ d'application aux terres de la côte africaine, les puissances européennes revendiquèrent plus tard plusieurs droits sur les terres intérieures sans démontrer l'exigence d'une occupation effective telle qu'énoncée à l'article 35.

Lors de la Conférence de Berlin de 1885, les limites du Principe d'Occupation Effective fut fortement violé par la France.

Les Allemands, qui étaient nouveaux sur le continent africain, croyaient qu'en ce qui concerne l'extension du pouvoir en Afrique, le colonisateur ne devrait avoir le droit d'occuper un territoire seulement pour une période limitée (essentiellement professionnelle).

Cependant, la Grande-Bretagne considérait que l'Allemagne était un retardataire sur le continent.

C'est dans cette logique que la Grande-Bretagne et la France ont forcé l'Allemagne à abandonner l'Afrique.

De l'autre côté, le Royaume-Uni possédait de vastes «possessions» territoriales sur le continent et voulait les garder tout en minimisant ses responsabilités et ses coûts administratifs.

Cette politique, ainsi que d'autres qui ont été écrits à la Conférence, ont permis aux Européens de «conquérir» l'Afrique.

Le principe de l'occupation effective ne s'appliquait pas avant la conférence ; cela a donné naissance à la «théorie de l'arrière-pays», qui a fondamentalement donné le droit aux puissances coloniales d'occuper les territoires intérieurs.

Puisque l'Afrique a été irrégulièrement façonnée, cette théorie a causé des problèmes et a été par la suite rejetée.

Conséquences

La conférence a été l'occasion de canaliser les hostilités latentes vers l'extérieur, de créer de nouveaux domaines pour aider les puissances européennes à se développer face aux intérêts américains, russes et japonais et former un dialogue constructif pour limiter les hostilités futures.

Pour les Africains, le colonialisme a été introduit à travers presque tout le continent.

Lorsque l'indépendance de l'Afrique a commencé après la Seconde Guerre mondiale, elle était sous la forme d'états fragmentés.

En Afrique centrale en particulier, des expéditions ont été envoyées pour contraindre les dirigeants traditionnels à signer des traités, en utilisant la force si nécessaire, comme c'est le cas du roi Msiri du Katanga en 1891.

Les Bédouins et les Berbères qui régnaient dans le Sahara ont été envahis par les Français au début de la Première Guerre mondiale.

Les Britanniques sont passés de l'Afrique du Sud à l'Égypte, conquérant des Etats arabes tels que l'Etat mahdiste et le Sultanat de Zanzibar en 1879, les républiques indépendantes Boer du Transvaal et de l'État Libre d'Orange.

En quelques années, l'Afrique était au moins géographiquement mieux limité. En 1895, les seuls États indépendants étaient :

Le Maroc, impliqué dans des conflits coloniaux avec l'Espagne et la France, qui a conquis la nation au XXe siècle.

Le Libéria, fondé avec le soutien des États-Unis pour les esclaves retournés en Afrique.

L'Empire éthiopien, le seul État indigène libre, qui a repoussé l'invasion italienne de l'Erythrée dans ce qu'on appelle la première guerre italo-abyssinienne de 1889-1896.

Le Sultanat de Majeerteen a été fondé au début du XVIIIe siècle et a été annexé par l'Italie au XXe siècle.

Le Sultanat d'Hobyo a été sculpté dans l'ancien sultanat de Majeerteen et a gouverné le nord de la

Somalie jusqu'au XXe siècle quand il a été conquis par l'Italie.

Les États suivants ont perdu leur indépendance à l'égard de l'Empire britannique environ une décennie après.

L'État Libre d'Orange, la république des Boers fondée par des colons hollandais;

République Sud-Africaine du Transvaal, également une république des Boers;

En 1902, 90% de toutes les terres qui constituent l'Afrique étaient sous contrôle européen.

La grande partie du Sahara était française, alors qu'après la rébellion du Mahdi et la fin de la crise de Fachoda, le Soudan resta fermement sous contrôle mixte, britannique-égyptien (l'Égypte étant sous l'occupation britannique avant de devenir un protectorat britannique en 1914.

Les républiques Boers ont été conquis par le Royaume-Uni dans la guerre des Boers de 1899 à 1902.

Le Maroc fut divisé entre les Français et les Espagnols en 1911 et la Libye fut conquise par l'Italie en 1912.

L'administration britannique de l'Égypte et de l'Afrique du Sud

L'administration britannique de l'Égypte et la colonie du Cap ont contribué à sécuriser la source du Nil.

L'Égypte a été envahie par les forces britanniques en 1882; le Soudan, le Nigéria, le Kenya et l'Ouganda furent subjugués dans les années 1890 et au début du XXe siècle; et au sud, la colonie du Cap (acquise en 1795) fournissait une base pour l'assujettissement des pays africains voisins et des colons afrikaners hollandais qui avaient quitté le Cap pour éviter les Britanniques et fondé ensuite leurs propres républiques.

En 1877, Theophilus Shepstone a annexé la République sud-africaine du Transvaal.

En 1879, après la guerre anglo-zoulou, la Grande-Bretagne consolide son contrôle sur la plupart des territoires de l'Afrique du Sud.

Les Boers protestèrent, et en décembre 1880 ils se révoltèrent, menant à la Première guerre des Boers (1880-1818).

Le Premier ministre britannique William Gladstone a signé un traité de paix le 23 mars 1881, donnant l'autonomie politique aux Boers.

Le raid de Jameson de 1895 était une tentative ratée par la compagnie britannique d'Afrique du Sud et le comité de réforme de Johannesburg pour renverser le gouvernement de Boer du Transvaal.

La Deuxième guerre des Boers, combattue entre 1899 et 1902, portait sur le contrôle des industries de l'or et du diamant; les républiques indépendantes Boers de l'Etat Libre d'Orange et la du Transvaal ont été défaites et absorbées dans l'Empire britannique.

La poussée française dans l'intérieur africain était principalement sur les côtes de l'Afrique de l'Ouest (moderne Sénégal), le long de la frontière méridionale du Sahara, un immense désert couvrant la plupart des actuels Sénégal, Mali, Niger et Tchad.

Leur but ultime était d'avoir un empire colonial entre le fleuve Niger et le Nil, contrôlant ainsi tout le commerce à destination et en provenance de la région du Sahel, en raison de leur contrôle sur les routes des Caravanes à travers le Sahara.

Les Britanniques, d'autre part, voulaient relier leurs possessions en Afrique australe (Afrique du Sud moderne, Botswana, Zimbabwe, Lesotho, Swaziland et Zambie), avec leurs territoires en Afrique de l'Est (Kenya moderne).

Le Soudan (qui à cette époque comprenait la plus grande partie de l'actuelle Ouganda) était la clé de la réalisation de ces ambitions, d'autant plus que l'Égypte était déjà sous contrôle britannique.

Cette "ligne rouge" à travers l'Afrique est rendue célèbre par Cecil Rhodes.

Bien que gêné par l'occupation allemande du Tanganyika jusqu'à la fin de la Première Guerre mondiale, Rhodes a réussi à faire pression en faveur d'un empire britannique africain.

En bref, la Grande-Bretagne avait cherché à étendre son empire d'Afrique de l'Est, du Caire et du Cap de Bonne-Espérance, tandis que la France cherchait à étendre ses possessions de Dakar au Soudan, ce qui permettrait à son empire de couvrir tout le continent, de l'Atlantique à la mer Rouge.

Une force française sous Jean-Baptiste Marchand arriva d'abord au fort stratégiquement situé à Fachoda, suivie bientôt par une force britannique sous Lord Kitchener, commandant en chef de l'armée britannique depuis 1892.

Les Français se sont retirés après un impasse et ont continué à faire pression sur d'autres postes dans la région.

En mars 1899, les Français et les Britanniques ont convenu que la source des fleuves du Nil et du Congo marquerait la frontière entre leurs sphères d'influence.

Crise marocaine

Bien que la Conférence de Berlin de 1885 eût fixé les règles du partage de l'Afrique, elle n'avait pas affaibli les impérialistes rivaux.

L'incident de Fachoda de 1898, qui avait vu la France et l'Empire britannique au bord de la guerre, a finalement abouti à la signature de l'Entente Cordiale de 1904, qui a contré l'influence des puissances européennes de la Triple Alliance.

En conséquence, le nouvel empire allemand a décidé de tester la solidité de cette influence, en utilisant le territoire contesté du Maroc comme un champ de bataille.

Ainsi, le 31 mars 1905, Wilhelm Guillaume II a visité Tanger et prononcé un discours en faveur de l'indépendance marocaine, contestant l'influence française au Maroc.

L'influence de la France au Maroc a été réaffirmée par la Grande-Bretagne et l'Espagne en 1904.

Mais en juillet 1905, l'Allemagne devenait isolée et les Français acceptèrent une conférence pour résoudre la crise.

La France et l'Allemagne ont continué jusqu'à la conférence, l'Allemagne mobilisant des unités de réserve à la fin décembre et la France envoyant effectivement des troupes à la frontière en janvier 1906.

La Conférence d'Algésiras de 1906 fut organisée pour régler le différend.

Les Allemands ont fini par accepter un accord, signé le 31 mai 1906, où la France a apporté certains changements intérieurs au Maroc, mais a conservé le contrôle de domaines clés.

La France a fermement soutenu l'Angleterre, la Russie, l'Italie, l'Espagne et les États-Unis.

Cependant, cinq ans plus tard, la deuxième crise marocaine (crise d'Agadir) a été déclenchée par le déploiement d'une canonnière allemande au port d'Agadir le 1er juillet 1911.

L'Allemagne avait commencé à tenter de surpasser la suprématie navale britannique.

Le mouvement allemand visait à renforcer les demandes d'indemnisation où la présidence française avait été confirmée par la Conférence d'Algésiras de 1906.

En novembre 1911, une convention a été signée et l'Allemagne a accepté la position de la France au Maroc en échange d'un territoire dans la colonie française d'Afrique équatoriale.

La France et l'Espagne ont ensuite établi un protectorat complet sur le Maroc (30 mars 1912), mettant fin à ce qui restait de l'indépendance formelle du pays.

En outre, le soutien britannique à la France pendant les deux crises marocaines a renforcé l'Entente entre les deux pays.

Résistance derviche

Après la Conférence de Berlin à la fin du XIXe siècle, les Britanniques, les Italiens et les Éthiopiens cherchèrent à revendiquer des terres appartenant aux Somaliens.

L'Etat Derviche était un État établi par Mohammed Abdullah Hassan, un chef religieux somalien qui a rassemblé des soldats musulmans de toute la Corne de l'Afrique et les a unis en une armée loyale connue sous le nom de Derviche.

Cette armée derviche a permis à Hassan de créer un Etat puissant à travers la conquête de terres convoitées par les Ethiopiens et les puissances européennes.

L'Etat Derviche a repoussé quatre fois l'Empire britannique et l'a contraint à se retirer sur la région côtière.

En raison de ces expéditions réussies, l'état de Derviche a été identifié comme allié par les empires ottomans et allemands.

Après un quart de siècle à distance, les Derviches furent finalement battus par les Britanniques en 1920.

Massacre des Héréros et des Nama

De 1904 à 1908, les colonies allemandes de l'Afrique du Sud-Ouest et orientale furent secouées par des révoltes indigènes.

Dans les deux territoires, la domination allemande avait été plusieurs fois contesté par les africains chaque fois que des renforts militaires d'envergure envahissaient les villes Héréros et Nama.

Après une longue guerre avec l'Allemagne, les rebelles Héréros et Nama ont été vaincus à la bataille de Waterberg le 11 août 1904 sur le plateau du Waterberg (Namibie).

Entre 1904 et 1908, 65 000 Héréros (80% de la population totale) et 10 000 Nama (50% de la population Nama) ont disparu dans les camps.

Les caractéristiques de ce génocide était la mort par la famine et l'empoisonnement.

Conscience coloniale

Dans ses premières étapes, l'impérialisme était généralement la stratégie des explorateurs et marchands indépendants ou libres.

Les puissances coloniales étaient loin d'approuver sans dissidence les coûteuses aventures menées à l'étranger.

Plusieurs dirigeants politiques importants comme Gladstone ont été opposé à la colonisation dans ses premières années.

Bien que Gladstone s'opposât personnellement à l'impérialisme, les tensions sociales causées par la longue dépression le poussèrent à favoriser cette politique.

En France, le politicien radical Georges Clemenceau s'y opposa aussi catégoriquement.

Clemenceau fait réellement tomber le coffret de Jules Ferry après le désastre de Tonkin en 1885.

Cette expansion de la souveraineté nationale sur les territoires d'outre-mer contredit l'unité de l'État-nation qui a fourni la citoyenneté à la population.

Ainsi, une tension entre la volonté universaliste de respecter les droits de l'homme des peuples colonisés, considérés comme des «citoyens», et la tentative impérialiste d'exploiter cyniquement des populations jugées inférieures ont commencé à se manifester.

Des lobbies coloniaux ont émergé pour légitimer le partage de l'Afrique et d'autres aventures coûteuses à l'étranger.

En Allemagne, en France et en Grande-Bretagne, la classe moyenne recherchait souvent des opportunités à l'étranger pour assurer la croissance du marché.

Expositions coloniales

Cependant, à la fin de la Première Guerre mondiale, les empires coloniaux étaient devenus très populaires partout en Europe: l'opinion publique avait été convaincue des besoins d'un empire colonial.

Les expositions coloniales avaient joué un rôle dans ce changement de mentalité populaire provoqué par la propagande coloniale, soutenue par le lobby colonial et par divers scientifiques.

Ainsi, la conquête des territoires a été inévitablement.

Les marchands européens ont décidé d'exposer les peuples africains dans les parcs d'animaux comme des humains naturelles.

Les Touaregs ont été exposés après la conquête française de Tombouctou (visité par René Caillié, déguisé en musulman).

Non habitué aux conditions climatiques, certains des indigènes exposés sont morts.

Entre 1877 et 1912, une trentaine d'expositions ethnologiques ont été présentées dans les Jardins zoologiques d'Europe.

Les villages nègres étaient présentés à l'Exposition universelle de Paris en 1878 et en 1879.

L'Exposition universelle de 1900 présentait le fameux Royaume de Madagascar, tandis que les expositions coloniales à Marseille (1906 et 1922) et à Paris (1907 et 1931) exposaient aussi les êtres humains dans des cages et souvent nus.

Aux États-Unis, la New York Zoological Society, a exposé les Pygmées MBenga de l'Afrique centrale au Zoo du Bronx et aux côtés des singes en 1906.

Parmi les autres expositions coloniales figurent l'Exposition de l'Empire britannique de 1924 et l'Exposition coloniale de 1931 à Paris.

Lutte contre les maladies africaines

Dès le début du XXe siècle, l'élimination ou le contrôle des maladies dans les pays tropicaux est devenu une priorité pour toutes les puissances coloniales.

L'épidémie de la maladie du sommeil en Afrique a été arrêtée à cause des équipes mobiles qui ont systématiquement soigné des millions de personnes.

Au XXe siècle, l'Afrique a connu une augmentation de sa population en raison de la diminution du taux de mortalité dans de nombreux pays, de la paix et de la médecine.

La population de l'Afrique est passée de 120 millions en 1900 à plus d'un milliard aujourd'hui.

Colonialisme et Première Guerre mondiale

Durant la période du Nouvel Impérialisme, à la fin du XIXe siècle, l'Europe a ajouté près de 9 000 000 de kilomètres carrés, un cinquième de la surface terrestre du globe, à ses possessions coloniales d'outre-mer.

Les exploitations formelles de l'Europe comprenaient maintenant l'ensemble du continent africain, à l'exception de l'Éthiopie et du Libéria.

Entre 1885 et 1914, la Grande-Bretagne prit près de 30% de la population africaine sous son contrôle; 15% pour la France, 11% pour le Portugal, 9% pour l'Allemagne, 7% pour la Belgique et 1% pour l'Italie.

Le Nigéria a contribué avec 15 millions de personnes, plus que dans l'ensemble de l'Afrique.

Colonies africaines

Belgique

L'Etat Libre Congo (République Démocratique du Congo)

Rwanda et Burundi

France

Mauritanie

Sénégal

Gambie

Soudan français (Mali)

Guinée française (Guinée)

Côte d'Ivoire

Niger

Haute-Volta française (aujourd'hui Burkina Faso)

Dahomey français (Bénin)

Togo

Gabon

Cameroun

Congo français (République du Congo)

Oubangui-Chari (République centrafricaine)

Tchad

Algérie française

Tunisie

Maroc

Territoire du Fezzan (administration donnée par l'ONU après sa conquête par Charles de Gaulle)

Égypte

Madagascar

Comores

Somalie français (Djibouti)

Maurice

Allemagne

Cameroun

Nigéria

Rwanda

Burundi

Tanzanie

Namibie

Togo allemand

Après la Première Guerre mondiale, les possessions allemandes ont été réparties entre la Grande-Bretagne (qui a pris un morceau du Cameroun occidental, de la Tanzanie, de l'ouest du Togo et de la Namibie), la France (qui a pris la majeure partie du Cameroun et de l'est du Togo) et la Belgique (qui a pris le Rwanda et le Burundi).

Italie

Libye

Erythrée

Somalie

Plus tard, avec la Seconde guerre italo-éthiopienne, l'Italie annexerait l'Éthiopie qui formait avec l'Érythrée et la Somalie italienne (Afrique orientale italienne)

Portugal

Angola

Congo

Cabinda

Mozambique

Guinée portugaise (Guinée-Bissau)

Cap Vert

São Tomé et Príncipe

Bénin

Russie

Djibouti (1889)

Espagne

Maroc espagnol

Sahara espagnol (Aujourd'hui Sahara occidental)

Guinée espagnole (Guinée équatoriale)

Royaume-Uni

Les Britanniques étaient principalement intéressés à maintenir des lignes de communication sécurisées vers l'Inde, ce qui a suscité un intérêt initial pour l'Égypte et l'Afrique du Sud.

Une fois que ces deux zones étaient sûres, les colonisateurs britanniques comme Cecil Rhodes avaient l'intention d'établir un chemin de fer

Cape-Caire et d'exploiter les ressources minérales et agricoles.

Le contrôle du Nil était considéré comme un avantage stratégique et commercial.

Égypte

Soudan

Somalie britannique

Colonie du Kenya

Ouganda

Tanzanie

Zanzibar

Maurice

Botswana

Rhodésie du Sud (aujourd'hui Zimbabwe)

Rhodésie du Nord (maintenant Zambie)

Seychelles britanniques

Afrique du Sud Transvaal

Colonie du Cap

Colonie de Natal

État libre d'Orange

Namibie

Gambie

Sierra Leone

Nigeria

Togo britannique (aujourd'hui partie du Ghana)

Cameroun

Gold Coast (maintenant Ghana)

Nyasaland (maintenant Malawi)

Basutoland (maintenant Lesotho)

Swaziland

États indépendants

Le Libéria était la seule nation d'Afrique qui était une colonie des États-Unis.

Le Libéria a été fondé, colonisé, établi et contrôlé par l'American Colonization Society (Société américaine de Colonisation) qui avait pour but de relocaliser les esclaves afro-américains et caribéens libérés aux États-Unis et sur les îles des Caraïbes en 1821.

Le Libéria a obtenu son indépendance de l'American Colonization Society le 26 juillet 1847.

Le Libéria est la plus ancienne république démocratique d'Afrique et la deuxième république noire la plus ancienne du monde après Haïti.

L'Éthiopie a maintenu son indépendance de l'Italie après la bataille d'Adoua qui a abouti au traité d'Addis-Abeba.

À l'exception de l'occupation entre 1936 et 1941 par les forces militaires de Benito Mussolini, l'Éthiopie est la plus ancienne nation indépendante d'Afrique.

Lutte pour l'indépendance de l'Afrique

La nouvelle lutte pour l'indépendance a commencé avec l'émergence des mouvements nationalistes africains.

Lorsque les nations africaines ont commencé à obtenir l'indépendance après la Seconde Guerre mondiale, leurs structures économiques sont restées coloniales.

Dans la plupart des cas, la majeure partie de l'économie d'une nation dépendait de cultures de rente ou de ressources naturelles.

Le processus de décolonisation a maintenu les nations africaines indépendantes à la merci des puissances coloniales en raison de relations économiques structurellement dépendantes.

Les programmes d'ajustement structurel conduisent à la privatisation et à la libéralisation de nombreux systèmes politiques et économiques africains, poussant l'Afrique de force vers le marché capitaliste mondial.

Le déclin économique dans les années 1990 a favorisé la démocratisation par la Banque mondiale intervenant une fois de plus dans les affaires politiques et économiques de l'Afrique.

Tous ces facteurs ont conduit au développement forcé de l'Afrique sous les systèmes idéologiques occidentaux.

La mondialisation

À l'ère de la mondialisation, de nombreux pays africains sont devenus développés.

Ce sont des nations qui ont un partenariat économique et politique entre avec les compagnies pétrolières riches.

De nombreux pays du monde ont noué des relations diplomatiques (néocolonialisme) avec l'Afrique pendant cette période.

Les nations à l'ère de la mondialisation qui investissent dans le contrôle de la terre à l'échelle internationale se livrent à la mondialisation.

La Chine et d'autres pays asiatiques sont entrés dans le secteur pétrolier hautement compétitif de l'Afrique.

China National Petroleum Corporation a acheté 40% de la compagnie d'exploitation pétrolière du Grand Nil. En outre, le Soudan exporte de 50 à 60% de son pétrole en Chine, représentant 7% des importations chinoises.

La Chine a également acheté des actions dans d'autres pays africains et investi dans le développement d'infrastructures.

334

www.ingramcontent.com/pod-product-compliance
Lightning Source LLC
Chambersburg PA
CBHW050334230426
43663CB00010B/1851